「ディープ・ラーニング」ガイドブック

Deep Learning

deep-learning

はじめに

　実用期を迎えた「人工知能」(AI)の手法として、「ディープ・ラーニング」が注目され、そのためのツールが続々登場しています。

　「ディープ・ラーニング」は、「機械学習アルゴリズム」のひとつですが、その実用性から、さまざまなジャンルで利用されています。

　本書は、「ディープ・ラーニング」に関する基礎知識に加え、環境構築の方法、さらに「TensorFlow」(テンソルフロー / テンサーフロー)、「Chainer」(チェイナー)、「Keras」(ケラス)など代表的なライブラリの活用方法などを解説します。

I/O編集部

※本書は、月刊「I/O」に掲載した記事に、書き下ろし原稿を追加し、再構成したものです。

「ディープ・ラーニング」ガイドブック

CONTENTS

はじめに ……………………………………………………………… 3

1章 「ディープ・ラーニング」とは何か

[1-1] 「人工知能」「機械学習」「ディープ・ラーニング」とは ……………… 6

[1-2] 「ディープ・ラーニング」が脚光を浴びる理由 ………………… 8

2章 「ディープ・ラーニング」の開発環境

[2-1] GUI型 ……………………………………………………… 11

[2-2] API型 ……………………………………………………… 12

[2-3] ライブラリ型 ……………………………………………… 14

3章 「ディープ・ラーニング」の開発に必要なもの

[3-1] 「開発環境」の構築方法 …………………………………… 15

[3-2] 「Docker」のインストール ………………………………… 18

[3-3] 「Docker」を使って１０分で
「ディープ・ラーニング」の環境を構築 …………… 23

4章 「Python」を使って『機械学習』を学ぶための環境構築

[4-1] 「Windows」での環境構築 ……………………………… 27

[4-2] 「Mac」での環境構築 …………………………………… 34

5章 TensorFlow

[5-1] 「TensorFlow」を算数で学ぶ …………………………… 49

[5-2] WindowsのAnaconda環境に
「Tensorflow 1.0」をインストール…………… 62

CONTENTS

6章 「Chainer」で始める「ニューラル・ネットワーク」

[6-1] 「Chainer」の特長 ・・・ 69

[6-2] 「ニューラル・ネットワーク」の仕組み ・・・・・・・・・・・・・・・・・・・・・・・・・・ 71

[6-3] 「Chainer」による実装 ・・・・・・・・・・・・・・・・・・・・・・・・・・・・・・・・・・・・・・ 75

7章 Keras

[7-1] ディープ・ラーニングをすぐに試せるライブラリ「Keras」 ・・・ 82

[7-2] 「手書き文字」のデータセットを用いて、数字の多クラス分類 ・・・ 88

8章 その他の機械学習

[8-1] ソニーのディープ・ラーニング用ライブラリ

「Neural Network Libraries」 ・・・・・・・・・・・・・・・・・・・・ 95

[8-2] 「音の波形」と「ニューラル・ネットワーク」 ・・・・・・・・・・・・・・・・・・ 103

9章 強化学習

[9-1] 「強化学習」と「OpenAI」 ・・・・・・・・・・・・・・・・・・・・・・・・・・・・・・・・・ 112

[9-2] OpenAI「Universe」でする「Atari Pong」の強化学習 ・・・ 120

[9-3] CPUで気軽に「強化学習」(DeepMind A3C) ・・・・・・・・・・・・・・・ 128

10章 「機械学習モデル」の実装における「テスト」

[10-1] 「テスト」の必要性 ・・・ 135

[10-2] 「機械学習」モデルの設計 ・・・・・・・・・・・・・・・・・・・・・・・・・・・・・・・・・ 136

[10-3] 「機械学習モデル」の「テスト」 ・・・・・・・・・・・・・・・・・・・・・・・・・・・・・ 137

索引 ・・・ 142

●各製品名は一般に各社の登録商標または商標ですが、®およびTMは省略しています。

1章
「ディープ・ラーニング」とは何か

■吉崎　亮介（キカガク）

1-1　「人工知能」「機械学習」「ディープ・ラーニング」とは

　第三次人工知能ブームの到来により、「ディープ・ラーニング」という技術に脚光が集まっています。
　この技術が紹介される際には、「人工知能（AI）」「機械学習」「ディープ・ラーニング」というキーワードをよく耳にするのではないでしょうか。

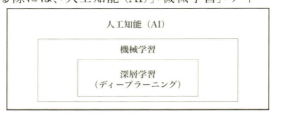

■ 人工知能

　まず、いちばん大きな枠組みは「人工知能」（AI）です。

　「人工知能」は、人間のように**「学習」**や**「推論」**を行なう仕組みを指します。
　ここで、「学習」とは、「これまでの経験を再現可能な形式に仕組み化すること」を指し、「推論」は「学習により得られた仕組みに基づいて推測を行なうこと」です。

　人間のノウハウを「プログラミング」（学習）して、「推論」を行なうのも一種の「人工知能」であり、「データに基づいて学習」した後に「推論」を行なう場合も「人工知能」だと言えます。

[1-1]「人工知能」「機械学習」「ディープ・ラーニング」とは

■ 機械学習

そして、前述していた、「データに基づいて学習し、推論を行なう仕組み」が「機械学習」です。

具体的には、定式化されたモデルのパラメータを取得済みのデータに基づいて調整することを、「学習」と呼びます。

インターネットの登場により、データの取得が容易となり、データ駆動である「機械学習」が脚光を浴びているわけです。

*

そして、機械学習は「**教師あり学習**」「**教師なし学習**」「**強化学習**」と呼ばれる3つのトピックに分けられます。

---

①教師あり学習

「教師あり学習」は、「入力」となる「データx」と、「出力」となる「データy」(教師データ)が揃っており、これらのデータに基づいて、「入力」から「出力」を予測するモデルを作ります。

たとえば、「駅からの距離 (x)」から「家賃(y)」を予測するといった具合です。

また、「教師あり学習」には、家賃のような数値を予測する「**回帰**」と、「赤ワイン」や「白ワイン」といったカテゴリを予測する「**分類**」の2つがあります。

②教師なし学習

「教師なし学習」では、「入力x」のみのデータを使って、データの背後に存在する本質的な構造を抽出します。

マーケティングでよく使う「クラスタリング」や、可視化するために2次元の情報に変換する「次元削減」がこちらに属しています。

③強化学習

そして、3つ目は異色の存在である「強化学習」です。

基礎

7

1章　「ディープラーニング」とは何か

なぜ異色かと言うと、「教師あり学習」や「教師なし学習」では、過去のデータをすでに取得済みであり、そのデータに基づいて学習を行ないます。

それに対し、「強化学習」では、データがまったく、もしくはほとんどない状況で、学習を始めます。

みなさんの身近に存在する床に置く「お掃除ロボット」をイメージしてもらうと分かりやすいでしょう。

「強化学習」では、まず動いてみて、もし、ぶつかれば、方向転換をする…といったように、試行錯誤しながらアクションを決定し、その最中で取得したデータに基づいて、次のアクションをより良くしていきます。

「機械学習」では、「入力xと出力yの関係性を見つけられるモデルを作る」といったように、あくまでも概念の話をしています。

この概念を実行可能な形に落とし込むために、具体的な手順を記述したものを、「アルゴリズム」と呼びます。

そして、機械学習アルゴリズムのひとつが「**ディープ・ラーニング**」というわけです。

そのため、「ディープ・ラーニング」は「機械学習」の一部であり、「ディープ・ラーニング」以外にも、「サポート・ベクター・マシン」や「ロジスティック回帰」などの「機械学習アルゴリズム」があります。

では、「機械学習アルゴリズム」として他にもたくさんの選択肢がある中で、この「ディープ・ラーニング」がなぜこれほどまで注目を集めているのでしょうか。

1-2　「ディープ・ラーニング」が脚光を浴びる理由

「ディープ・ラーニング」の位置付けとしては、「機械学習アルゴリズム」のひとつですが、その領域を凌駕していると私は感じています。

この意味を説明するには、単に理論面の話だけでなく、実データに対す

[1-2]「ディープ・ラーニング」が脚光を浴びる理由

る実装を意識することが重要です。

「ディープ・ラーニング以前の機械学習」と「ディープ・ラーニング以後の機械学習」の違いを見てみましょう。

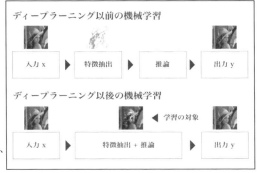

＊

「ディープ・ラーニング以前の機械学習」では、入力データに対し、そのまま「機械学習アルゴリズム」が適用できることは稀で、まず「**特徴抽出**」を行ないます。

たとえば、「画像から顔を見つけたい」というタスクにおいては、画像から顔を見つけるために、どのように前処理を行なえばいいだろうと、人間が経験と勘で考えます。

目だけを抜き出したり、顔の輪郭だけを抜き出したりといった処理が考えられます。

こういった「人間の経験と勘に基づいた知識」ベースの「特徴抽出」は、専門家がいない状況において、この知識を獲得することが難しいといった問題があります。

＊

また、この「特徴抽出」がデータ解析業務における工数の大半を占める問題もあります。

さらに、専門家が決めた特徴量が本当に「推論」にとってベストであるかは不明確であり、「特徴抽出」と「推論」のつながりの悪さも問題としてあります。

このような背景から、適用範囲はかなり限られていました。

＊

別の例として、「Paints Chainer」という「ディープ・ラーニング」を応用した面白いサービスがあります。

1章 「ディープラーニング」とは何か

　こちらでは「線画」を入力すると「カラー画像」を生成してくれるのですが、これを実現するための「特徴抽出」については、仮に漫画家などの専門家がいる状況においても決定できないでしょう。

> ・Paints Chainer
> https://paintschainer.preferred.tech/

　これらの問題点を解決するために、「ディープ・ラーニング」では、「特徴抽出」と「推論」がセットになるような工夫がされています。

　これにより、データさえ揃っていれば、専門家の知識がない場合においても、「ディープ・ラーニング」がデータに基づいて「特徴抽出」に必要な知識を獲得し、また推論の仕組みも同時に構成します。

　「特徴抽出」と「推論」がセットになっているため、「推論」にとって最適な特徴量の選択を行なうことができるわけです。

　ただし、得られた特徴量が人間にとって、必ずしも分かりやすいとは限らず、後から解釈を行なうことが難しいケースがあります。

　このあたりが「人間を超えた」という点かもしれません。

　そのため、極端な話ですが、データさえ揃っていれば、まったくその業界に関する知識がなくても、専門家と同等、または専門家以上に良い結果を出すことができるわけです。

＊

　また、「Paints Chainer」のような、人間の経験では「特徴抽出」ができなかった例においても、線画を入力として、そのカラー画像を「教師データ」として、「ディープ・ラーニング」のモデルを学習させれば、人間ではまったく想像もできなかった特徴量を見つけることさえできるようになりました。

＊

　このように、「ディープ・ラーニング」では、「とりあえず性能が高い」といった観点だけではなく、実運用のフェーズまで踏まえて見た際に大きなメリットがあるため、これだけ注目が集まっていると感じています。

> ・キカガク
> https://www.kikagaku.co.jp

2章

「ディープ・ラーニング」の開発環境

■吉崎　亮介（キカガク）

　数学的には難易度が高い「ディープ・ラーニング」ですが、2015年ごろから実装支援を行なうツールが続々と登場しています。

　そして、これらのツールは未だに日々進化しています。

*

　「ディープ・ラーニング」を使うには、大きく分けてプログラミングの不要な「**GUI型**」、学習ずみモデルを使える「**API型**」、柔軟に自作のモデルが構築できる「**ライブラリ型**」の3種類があります。

2-1　GUI型

　「GUI型」では、ソニーから発表された「Neural Network Console」を始めとして、プログラミングなしで実装できる環境です。

・Neural Network Console

https://dl.sony.com/ja/

　他にも、「Weka」というニュージーランドの大学で開発されたソフトもあります。

・Weka

http://www.cs.waikato.ac.nz/ml/weka/

　「GUI型」のメリットは、プログラミングの知識が不要というだけではありません。

　プログラミング知識のある方にとっても、「フローチャート」をそのまま表現するだけなので、アルゴリズムの実装が容易であり、プログラミングの人為的なミスも減るため、GUIでの実装はお勧めです。

11

2章 「ディープ・ラーニング」の開発環境

「GUI型」ではプログラミングの知識は必要ありませんが、「ディープ・ラーニング」のアルゴリズムに関する知識は必要であり、まったくの初心者でも扱える、というものではありません。

「GUI型」のデメリットは、提供されている機能の範囲内での使用となるため、カスタマイズの幅が狭いことです。

ただし、ソニー製の「Neural Network Console」では、実用的なアルゴリズムが一通り揃っているため、この問題もほとんど感じずに作業ができるはずです。

まず、試しに使ってみたい方にお勧めです。

2-2　API型

次に、「API型」の例として、「Microsoft Azure」の「Computer Vision API」や「Face API」、「Google Cloud Platform」の「Cloud Vision API」や「Cloud Natural Language API」などが代表的です。

・Computer Vision API

https://azure.microsoft.com/ja-jp/services/cognitive-services/computer-vision/

・Face API

https://azure.microsoft.com/ja-jp/services/cognitive-services/face/

・Cloud Vision API

https://cloud.google.com/vision/?hl=ja

・Cloud Natural Language API

https://cloud.google.com/natural-language/?hl=ja

API型では、各製品が提供する学習ずみのモデルを使うことができ、入力となる情報を渡せば、それに対する推論の結果が得られます。

[2-2] API型

　たとえば、Microsoftの「Computer Vision API」では、画像情報を送信すると、下記の画像のような情報が数秒で得られました。
　単純に人の顔を検出しているだけでなく、「person/indoor/monitor/man/holding/suit…」のように、その写真に写っているさまざまな情報を数秒のうちに推測しているのです。

　実際にこのような画像からさまざまな情報を推測するには、膨大な量の学習データが必要であり、個人や小規模なプロジェクトでは到底集められない上、仮にデータが集まったとしても、「ラベル付け」や「モデルの学習」にも非常に時間がかかります。

　その点、「API型」では、提供されているAPIの用途に限定されるといったデメリットはあるものの、小規模なプロジェクトでは手が出せなかったレベルの学習ずみモデルを使用った推論ができる大きなメリットがあります。

　また、「API型」は、「HTTP」や「HTTPS」を使って情報の受け渡しをするため、どのプログラミング言語でも使うことができ、既存プロダクトへの導入もスムーズというメリットもあります。
　素早くプロダクトに導入したい方にお勧めです。

2章 「ディープ・ラーニング」の開発環境

2-3　　　　　　　　ライブラリ型

　最後に紹介するのが、自前でプログラムを組んで研究開発を行なう際に最も用いられている「ライブラリ型」です。

　Google製の「TensorFlow」や日本企業であるPreferred Networks製の「Chainer」、ソニー製の「Neural Network Libraries」など、2015年の後半からさまざまなフレームワークの提供が始まっています。

・TensorFlow
https://www.tensorflow.org/

・Chainer
https://chainer.org/

・Neural Network Librarie
https://nnabla.org/ja/

　これらの共通の特徴は、「Python」をメインの言語として採用していること、「オープン・ソース」であることです。

　どのフレームワークも、「ディープ・ラーニング」(≒ニューラル・ネットワーク)の数式を把握している前提ではありますが、非常に直感的に組むことができます。
　実装が大変である「誤差逆伝播法」と呼ばれる部分の計算を自動で行なってくれるため、「ニューラル・ネットワーク」の「順伝播」を記述するだけで完結します。

＊

　これらの「ライブラリ型」を使うメリットは、最も柔軟性高く記述できることです。
　実務レベルでディープ・ラーニング技術を習得する際に不可欠である「挙動の確認」が容易に行なえる上、最新の論文を実装することも、それほど難易度が高いものではなくなっています。
　そのため、研究開発で使いたい方にお勧めです。

3章

「ディープ・ラーニング」の開発に必要なもの

■吉崎　亮介（キカガク）

3-1 「開発環境」の構築方法

　前章で紹介した「GUI型」では、それぞれのWebサイトからインストールファイルをダウンロードして、手順に沿って進めるだけで、使えるようになります。

＊

　また、「API型」では、各製品の使用に必要なアカウントを作り、情報登録をした後に、APIのドキュメントに沿ってリクエストを送れば、情報が返ってくるため、特別な環境構築は不要となっています。

　たとえば、Microsoft「Computer Vision API」の「Python」を使ったリクエストの送り方は、公式のドキュメント1があるため、こちらを参考に進められます。

・Computer Vision Python Quick Starts
https://docs.microsoft.com/ja-jp/azure/cognitive-services/computer-vision/quickstarts/python

＊

　一方、「ライブラリ型」では、PCへの環境構築が必要となります。
　そのため、本稿では、こちらのライブラリ型を使用される方向けに環境構築の方法を紹介します。

＊

　まず、「ディープ・ラーニング」のフレームワークは「Python」をベースとしているため、「Python」をインストールする必要があります。
　こちらに関しては、次の章で手順を説明しているので、そちらを参考に「Python」をインストールしてください。

3章 「ディープ・ラーニング」の開発に必要なもの

■「TensorFlow」のインストール

それでは、まず「TensorFlow」のインストールについて見ていきましょう。

「ターミナル」(Windowsでは「コマンドプロンプト」や「Windows Power Shell」)を立ち上げます。

インストールは下記のコマンドを入力して実行するだけです。

```
pip install tensorflow  # Windowsの方
pip3 install tensorflow  # Macの方
```

これだけで完了します。

この方法を使って「Pyhton3.6」でうまくいかない場合は、p.62を参考にしてください。

また、「Chainer」のインストールも同様です。

```
pip install chainer  # Windowsの方
pip3 install chainer  # Macの方
```

これで、「Python」では、「import tensorflow」や「import chainer」のように読み込めば、すぐに使うことができます。

＊

前述の通り、「Python」では「pip」と呼ばれるライブラリを管理するパッケージ管理システムがあるため、ダウンロード後にパスを通すという作業をコマンドを1つでまとめて行なってくれます。

これは初心者には非常に心強い仕組みです。

■ 便利な「Docker」

ただし、「Python」では「ディープ・ラーニング」のフレームワークをインストールしたら環境構築が終わり、というわけではなく、GPUを使った計算の高速化もよく使うため、その設定も必要となります。

また、画像や自然言語を扱う際には、そのライブラリも当然必要となります。

画像処理では「OpenCV」、日本語の自然言語処理では「MeCab」と呼

16

[3-1]「開発環境」の構築方法

ばれるライブラリをよく使うのですが、これはそれぞれ「pip」で手軽にインストールできず、環境構築でつまずいて諦めてしまう人も少なくはありません。

・OpenCV
http://opencv.jp/

・MeCab
http://taku910.github.io/mecab/

そこで、この「GPUの設定」や「ディープ・ラーニング」も含めたライブラリを一気に環境構築するためのツールとして、最近では「Docker」が注目を集めています。

・Docker
https://www.docker.com/

「Docker」を使うことで、「Windows」「Mac」「Linux」を問わず、構築ずみの環境を簡単に共有でき、苦労して環境構築する必要がなくなってきています。

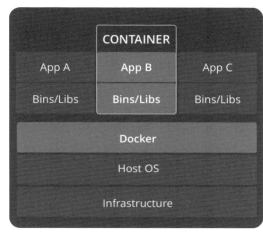

Get Started, Part 1: Orientation and Setup
https://docs.docker.com/get-started/ より

3章 「ディープ・ラーニング」の開発に必要なもの

　「Docker」は、上記の画像のように、「Host OS」(Mac, Windows, Unix)上で動作させ、その上で「コンテナ」と呼ばれる「仮想マシン」を、資源のある限りいくつでも作ることができます。

*

　「Docker」に関しては、私の技術ブログで概念や使い方についての記事を書いてあります。より詳しいことはこちらをご覧ください。

・【初心者向け】Dockerを速習しよう
http://play.kikagaku.co.jp/docker/start-docker/

3-2　「Docker」のインストール

■ Windowsの場合

　「Docker」は、Windowsのバージョンでインストール方法が異なります。

・Windows10以前：「Docker Toolbox」をインストール
・Windows10：「Docker for Windows」をインストール

● Windows10以前の場合 /「Docker Toolbox」をインストール

　こちらの記事を参考に、「Docker Toolbox」のインストールしてください。

http://pppurple.hatenablog.com/entry/2016/07/03/003425

　上記の記事内の、こちらの画面までたどり着ければ、成功です。

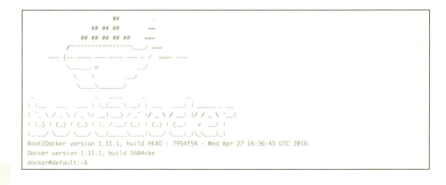

[3-2]「Docker」のインストール

● Windows10の場合 /「Docker for Windows」をインストール

[1]こちらのページにアクセスし、「Docker for Windows」をダウンロードします。

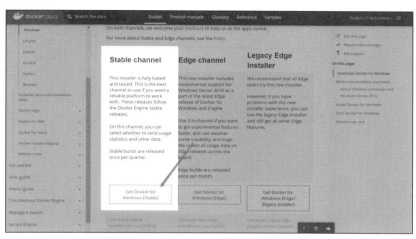

https://docs.docker.com/docker-for-windows/install/

[2]ダウンロード後に実行をすると、「Docker」のインストールが始まるので、順番に進めていきましょう。

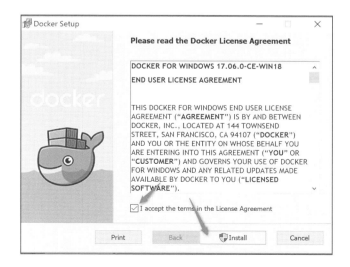

3章 「ディープ・ラーニング」の開発に必要なもの

[3] これでインストールが完了です。

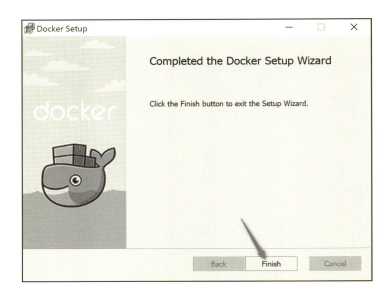

[4] 次に、「Docker for Windows」を立ち上げましょう。

[3-2]「Docker」のインストール

[5]こちらを立ち上げると、下記の画面が現われ、「Dockerが開けないよ」と言われてしまいます。

これは、再起動すればOKなので、再起動しましょう。

[6]再起動後にこのような画面が出るので、「OK」で進みます。

こちらをOKすると、また再起動します。

[7] 2度目の再起動後、「Docker for Windows」を開きましょう。

3章 「ディープ・ラーニング」の開発に必要なもの

[8]「Docker is runnning」と表示されるため、これで正しくDockerのインストールができていることが確認できます。

■ Macの場合

インストールは基本的にGUIでポチポチと進めていけば完了します。

「Docker for Mac」からインストールを行ないましょう。

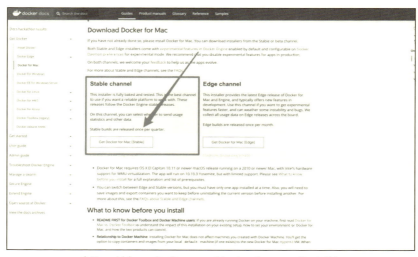

https://docs.docker.com/docker-for-mac/install/

「dmgファイル」をダウンロードできるため、あとは設定画面にそってボタンを押していけば設定完了です。

[3-3]「Docker」を使って10分で「ディープ・ラーニング」の環境を構築

　設定完了後は下記のように上部のツールバーに「Docker」のアイコンが表示されます。

3-3　「Docker」を使って10分で「ディープ・ラーニング」の環境を構築

　今回は、私が作った「ディープ・ラーニング」用の環境が一式揃っている「Dockerイメージ」を使って、10分で「ディープ・ラーニング」が実行できる環境を構築していきましょう。

---

[1] まず、「Docker」では、「Dockerイメージ」と呼ばれる環境構築ずみの仮想マシンのファイルをダウンロードします。

　「ターミナル」(Windowsのほうは、「コマンドプロンプト」か「Windows Power Shell」)を立ち上げて、以下のコマンドでダウンロードが実行されます。

```
docker pull kikagaku/jupyter:v1.0
```
　こちらのコマンドで実行が始まるため、数分程度待ちましょう。

3章 「ディープ・ラーニング」の開発に必要なもの

One Point　このコマンドは、「Docker Hub」と呼ばれる「Dockerイメージ」の置き場所があり、こちらに私（アカウント名：kikagaku）がアップロードしている、「jupyter」（version 1.0）という名前のイメージをダウンロードする、という意味です。

> ・Docker Hub
>
> https://hub.docker.com/r/kikagaku/jupyter/

[2] ダウンロードが完了すると、以下のコマンドを実行して、「仮想マシン」を立ち上げます。

```
docker run -d -p 8888:8888 kikagaku/jupyter:v1.0
```

　こちらでは、ダウンロードした「Dockerイメージ」をベースに、「Dockerコンテナ」（仮想マシン）を立ち上げます。

　この「Dockerコンテナ」は「Dockerイメージ」にインストールされている環境を一式引き継いでいるため、「Python」や「ディープ・ラーニング」向けの開発環境が一式揃っています。

Dockerコンテナの立ち上げ

docker run	コンテナの作成を行なうコマンド
-d	バックグラウンドで実行（ディタッチ）
-p	「ホスト」（Windows/Mac/Linux）と「コンテナ」のポート共有のオプション

　コマンドに関しては、前述の「Docker速習」のための記事で解説をしているので、そちらをご覧ください。

> ・【初心者向け】Dockerを速習しよう
>
> http://play.kikagaku.co.jp/docker/start-docker/

24

[3-3] 「Docker」を使って10分で「ディープ・ラーニング」の環境を構築

[3]「Dockerコンテナ」の作成を実行した後、Webブラウザを開いて、「http://localhost:8888」にアクセスしてみましょう。

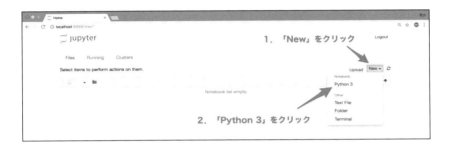

上記の画面が表示されていれば成功です。

[4]それでは、「ディープ・ラーニング」に必要なライブラリ（Tensorflow, Chainer, Keras）の確認、および日本語の自然言語処理で有名な「MeCab」も使って、簡単な環境構築のテストを行なってみましょう。

3章 「ディープ・ラーニング」の開発に必要なもの

このように、「Dockerイメージ」をダウンロードして、「コンテナ」を立ち上げるだけで、環境構築が完了します。

OS間の差をなくすことができるメリットもありますし、チーム間での環境の差もなくなります。

また、最近では、高性能なスペックのマシンを使うために「Microsoft Azure」や「Amazon Web Service」「Google Cloud Platform」のような「クラウドコンピューティング環境」を使うことも増えてきており、こちらの環境構築も「Docker」であれば、すぐにすませることができます。

MEMO

4章

「Python」を使って『機械学習』を学ぶための環境構築

■吉崎　亮介（キカガク）

4-1　「Windows」での環境構築

　Windowsで「Python」の「機械学習」の環境構築をする方法は1通りではなく、いろいろな方法でインストールを試みることができます。

　方法が複数あることは、失敗しても他の方法で試せるため有り難いことですが、**初心者にとってはどの方法で環境構築をすればいいか迷ってしまう原因**にもなってしまいます。

　そこで、ここでは、次のような方をターゲットに書いています。

・Pythonを初めて使う方
・Pythonはプロジェクトでなく自分用で使う方（要するに、仮想環境は不要な人）

　失敗しない環境構築を行なうためにも、ぜひこちらの記事を参考にしてください。

■「Python」と必要な「ライブラリ」のインストール

[1]まず、こちらのページにアクセスして「Anaconda」のディストリビューション・ファイルをダウンロードして、インストールします。

https://www.continuum.io/downloads

　　※「Python」がすでにインストールずみの方は、すでにインストールされている「Python」をアンインストールしてから行なうと安全です（推奨）。

27

4章 「Python」を使って『機械学習』を学ぶための環境構築

> **One Point** 「Anaconda」は、「Python」の環境構築からある程度必要なライブラリのインストールまで一気にすませてくれるものです。

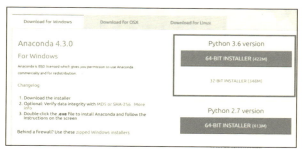

　　ダウンロードに少し時間がかかります。

[2] ダウンロード後に、ダウンロードしたファイルをダブルクリックしてインストールを実行していきます。

28

[4-1]「Windows」での環境構築

　基本的に「OK」で進めていきますが、ダウンロードファイルの場所をどこか指定しておきたい場合は、こちらの場所を好きな場所に変更してください。

※ 特にこだわりのない方はそのままで大丈夫です。

[3]「PATHを追加（上部）」と「AnacondaでインストールしたPythonをデフォルトに設定（下部）」のチェックはそのままにしてインストールします。
　数分程度でインストールが完了します。

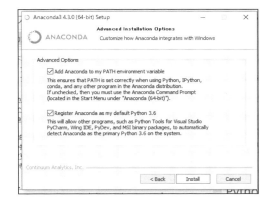

4章 「Python」を使って『機械学習』を学ぶための環境構築

■ なぜ「Python」の公式な「インストール・ファイル」を使わないのか

　「Python」の公式ページからインストールファイルをダウンロードして、インストールすることも、もちろん可能です。

　しかし、この方法であれば、PCによって「numpy」や「scipy」と呼ばれる機械学習ライブラリの「scikit-learn」をインストールするために必要なライブラリをインストールする際に、『BLASやATLASがない』『Cコンパイラがない』といった、対処が難しいエラーに遭遇する場合が多々ありました。

　これを解決することが非常に難しく、「Anaconda」であれば、この環境も一発で構築してくれるため、誰一人環境構築で失敗することはなかったという経緯があります。

■「Python」と「ライブラリ」がインストールされていることの確認

　Windowsに標準で搭載されている「Windows PowerShell」(なければ「コマンドプロンプト」でも可)を開きます。
　この画面上で、以下のコマンドを入力し、以下のように正しく動作すれば、インストール完了になります。

[4-1] 「Windows」での環境構築

・動作確認

```
$ python
>>> import numpy          # 線形代数用ライブラリ
>>> import scipy          # 数式処理用ライブラリ
>>> import matplotlib     # 可視化用ライブラリ
>>> import pandas         # データ処理用ライブラリ
>>> import sklearn        # 機械学習用ライブラリ
>>> exit()                # Pythonの対話モードを終了
```

```
Windows PowerShell

PS C:\Users\Ryosuke> python
Python 3.6.0 |Anaconda 4.3.0 (64-bit)| (default,
Type "help", "copyright", "credits" or "license"
>>> import numpy
>>> import scipy
>>> import matplotlib
>>> import pandas
>>> import sklearn
>>> exit()
PS C:\Users\Ryosuke>
```

ここで特にエラーが起きなければ、インストールは完了しています。

■「ディープ・ラーニング」用のライブラリをインストール

Windowsに標準で搭載されている「Windows PowerShell」(なければ「コマンドプロンプト」でも可)を開きます。

この画面上で以下のコマンドを入力し、「ディープ・ラーニング」用の「Python」のライブラリである「Chainer」(チェイナー)をインストールします。

・chainerのインストール

```
$ pip install chainer
```

31

4章 「Python」を使って『機械学習』を学ぶための環境構築

　前章でも紹介しましたが、「pip」とは、「Python」のライブラリのインストールやアンインストールなどの管理を行なうための非常に便利なツールです。
　よく使うので、ぜひ使い方を覚えておくといいでしょう。

● **動作確認**

　先ほどと同じ手順で「Chainer」がインストールされていることを確認します。

・chainerの動作確認

```
$ python
>>> import chainer    # ディープ・ラーニング用のライブラリの読み込み
>>> exit()            # 対話モードの終了
```

[4-1]「Windows」での環境構築

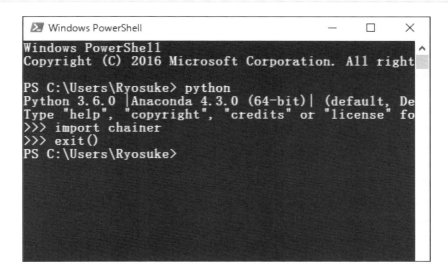

上記のように特にエラーが出なければインストールは完了です。

＊

「Anaconda」を使って、非常にスッキリした状態でインストールしたため、今後他のライブラリが必要になった際にも「pip」や今回は出てきませんでしたが、「conda」のコマンドを使えば、追加のライブラリをだいたいうまくインストールできるはずです。

MEMO

4章 「Python」を使って『機械学習』を学ぶための環境構築

4-2 「Mac」での環境構築

環境の違いによって、設定がうまくいかない場合があります。
現在、私のMacは最新版OSが入っています。

・macOS Sierra 10.12.3

うまくいかない場合は、こちらに合わせてみてください。

■「Homebrew」のインストール

「Homebrew」という「パッケージ・マネージャー」を導入します。

One Point

　　　日頃プログラミングをしない方は聞き慣れないかもしれませんが、プログラミングの世界では「Webで検索→インストール用のファイルをダウンロード→手元でインストールの実行」と人間が行なっていた作業を自動的にコマンド1つでできるような仕組みがあります。
　それが「パッケージ・マネージャー」です。

　これがあれば百人力。
　プログラミングの世界に必要なソフトウェアをダウンロードからインストールまでコマンド1つで行なってくれます。

＊

[4-2]「Mac」での環境構築

　Macでは「Homebrew」と呼ばれる「パッケージ・マネージャー」が有名です。
　他にも「MacPorts」というものもありますが、最近のWeb情報はだいたい「Homebrew」で書いてあるので、「Homebrew」のほうがお勧めです。

●「Homebrew」のサイトにアクセス

　まず、「Homebrew」のサイトにアクセスします。

http://brew.sh/index_ja.html

　このいちばん上のスクリプトをコピーします。

●「ターミナル」を開く

　プログラミングをする人にとっては当たり前の存在である「ターミナル」を使います。

　「spotlight」を使っている方は「ターミナル」と検索すると、以下のような画面が出てくるので、これで「Enter」を押すと、「ターミナル」が立ち上がります。

4章 「Python」を使って『機械学習』を学ぶための環境構築

よく分からない場合は、macのFinderの左上の「移動」から「アプリケーション」を開いてください。

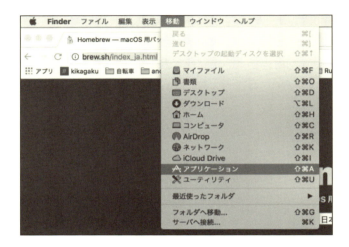

「ユーティリティ」の中に「ターミナル」があると思います。

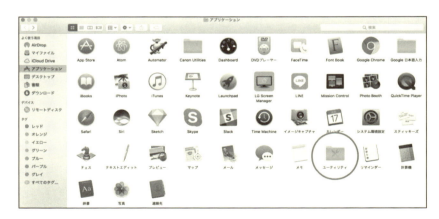

[4-2] 「Mac」での環境構築

開くと、このように「ターミナル」が立ち上がりました。

```
● ● ●                      ⬆ ryosuke — -bash — 141×29
MBP:~ ryosuke$
```

●「ターミナル」から「Homebrew」のインストール

それでは、先ほどの「Homebrew」をインストールしていきます。

[1] インストールといっても、ターミナルに先ほどの「Homebrew」でコピーしたスクリプトを貼り付けて、「Enter」を押すだけです。

```
● ● ●                      ⬆ ryosuke — -bash — 141×29
MBP:~ ryosuke$ /usr/bin/ruby -e "$(curl -fsSL https://raw.githubusercontent.com/Homebrew/install/master/install)"
```

いかがでしょうか。非常に簡単ではないでしょうか。

[2] 途中で、このような画面になります。

```
● ● ● ⬆ ryosuke — ruby -e #!/System/Library/Frameworks/Ruby.framework/Versions/Current/usr/bin/ruby\012# This script installs to /usr/local only. To install el...
MBP:~ ryosuke$ /usr/bin/ruby -e "$(curl -fsSL https://raw.githubusercontent.com/Homebrew/install/master/install)"
/System/Library/Frameworks/Ruby.framework/Versions/2.0/lib/ruby/2.0.0/universal-darwin16/rbconfig.rb:213: warning: Insecure world writabl
e dir /usr/local in PATH, mode 040777
==> This script will install:
/usr/local/bin/brew
/usr/local/share/doc/homebrew
/usr/local/share/man/man1/brew.1
/usr/local/share/zsh/site-functions/_brew
/usr/local/etc/bash_completion.d/brew
/usr/local/Homebrew
==> The following new directories will be created:
/usr/local/Cellar
/usr/local/Homebrew
/usr/local/Frameworks
/usr/local/etc
/usr/local/include
/usr/local/opt
/usr/local/sbin
/usr/local/share
/usr/local/share/zsh
/usr/local/share/zsh/site-functions
/usr/local/var

Press RETURN to continue or any other key to abort
```

処理を続けるなら「Return」と書いてあるので、「Enter」(Return)を押します。

4章 「Python」を使って『機械学習』を学ぶための環境構築

```
● ● ● ↑ ryosuke — ruby -e #I/System/Library/Frameworks/Ruby.framework/Versions/Current/usr/bin/ruby\012# This script installs to /usr/local only. To install ei...
MBP:~ ryosuke$ /usr/bin/ruby -e "$(curl -fsSL https://raw.githubusercontent.com/Homebrew/install/master/install)"
/System/Library/Frameworks/Ruby.framework/Versions/2.0/usr/lib/ruby/2.0.0/universal-darwin16/rbconfig.rb:213: warning: Insecure world writabl
e dir /usr/local in PATH, mode 040777
==> This script will install:
/usr/local/bin/brew
/usr/local/share/doc/homebrew
/usr/local/share/man/man1/brew.1
/usr/local/share/zsh/site-functions/_brew
/usr/local/etc/bash_completion.d/brew
/usr/local/Homebrew
==> The following new directories will be created:
/usr/local/Cellar
/usr/local/Homebrew
/usr/local/Frameworks
/usr/local/etc
/usr/local/include
/usr/local/opt
/usr/local/sbin
/usr/local/share
/usr/local/share/zsh
/usr/local/share/zsh/site-functions
/usr/local/var

Press RETURN to continue or any other key to abort
█
```

[3]次に、パスワードの入力を求められるので、Macで設定しているパスワードを入力してください。

　このとき、ターミナルが初めての方は「**文字を入力しても反映されない**」とエラーと間違われる方が多いのですが、ちゃんと文字が入力されているので、騙されたと思って文字を入力して「Enter」を押してみてください。

[4]問題なければ、その次の処理に進むと思います。
　５分ほど待つと、このようにインストールが完了します。

```
● ● ●                          ↑ ryosuke — -bash — 141×29
 * [new tag]        1.1.5     -> 1.1.5
 * [new tag]        1.1.6     -> 1.1.6
 * [new tag]        1.1.7     -> 1.1.7
 * [new tag]        1.1.8     -> 1.1.8
 * [new tag]        1.1.9     -> 1.1.9
HEAD is now at 9aa4888 README: note MacStadium, add more links.
==> Tapping homebrew/core
Cloning into '/usr/local/Homebrew/Library/Taps/homebrew/homebrew-core'...
remote: Counting objects: 4111, done.
remote: Compressing objects: 100% (3986/3986), done.
remote: Total 4111 (delta 28), reused 467 (delta 10), pack-reused 0
Receiving objects: 100% (4111/4111), 3.28 MiB | 773.00 KiB/s, done.
Resolving deltas: 100% (28/28), done.
Tapped 3984 formulae (4,140 files, 10.2M)
==> Cleaning up /Library/Caches/Homebrew...
==> Migrating /Library/Caches/Homebrew to /Users/ryosuke/Library/Caches/Homebrew...
==> Deleting /Library/Caches/Homebrew...
Already up-to-date.
==> Installation successful!

==> Homebrew has enabled anonymous aggregate user behaviour analytics.
Read the analytics documentation (and how to opt-out) here:
  https://git.io/brew-analytics

==> Next steps:
- Run `brew help` to get started
- Further documentation:
    https://git.io/brew-docs
MBP:~ ryosuke$ █
```

[4-2]「Mac」での環境構築

●「Homebrew」が正しくインストールされているか確認

ターミナルで使うコマンドは、基本的に「Linux」と同じです。

そして、「Homebrew」を使ったコマンドは「brew」を使います。
たとえば、何かをインストールしたい場合は、ターミナルに以下のように入力します。

・「Homebrew」を使ったソフトウェアのインストール
```
$ brew install ソフトウェア名
```

いかがでしょうか。非常に直感的ではないでしょうか。
「Homebrew」さえ正しくインストールされていれば、上記のようなコマンドでソフトを管理できます。

　　　　　　　　　　　　　＊

それでは、本題の「Homebrew」が正しくインストールされているか確認してみましょう。

・「Homebrew」が正しくインストールされているか確認
```
$ which brew
```

これだけです。
この「which」というコマンドは、使うコマンドの元となるプログラムがどこに保存されているかを調べるためのコマンドです。

これにより、インストールされていなければ何も保存されていないので、空白の文字が返ってきて、ちゃんとインストールされていれば、保存されている場所が返ってきます。

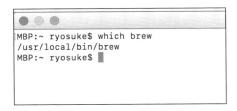

4章 「Python」を使って『機械学習』を学ぶための環境構築

このように、「/usr/local/bin/brew」という場所に保存されているよと返ってきたので、無事インストールできていることが分かります。

これで何も返ってこなかったほうは正しくインストールできていないので、上記の手順をもう一度繰り返してみてください。

■「Python3」のインストール

Macのほうは「Python」が最初からインストールされているのですが、**最初からインストールされている「Python」は「2系」**という日本語を扱うには多少面倒臭いバージョンなので、今回は「Python 3系」をインストールしていきます（分からなければ特に気にしなくて大丈夫です）。

●「Python3」がインストールされていないことの確認

「Python3」がすでにインストールされている方はこの章の手順が不要です。

そのため、まず「Python3」がインストールされているかどうかを確認してみましょう。

先ほど、「Homebrew」で正しくインストールされているかの確認に使用した「which」コマンドを使います。

・「Python3」がインストールされているか確認
```
$ which python3
```

何も返ってこないため、インストールがされていないことが確認できます。

それでは、「Python3」をインストールしていきましょう。

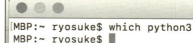

●「Homebrew」で「Python3」をインストール

「Homebrew」を使えば、以下のコマンドひとつでインストールが完了します。

[4-2] 「Mac」での環境構築

・Python3をインストール

```
$ brew install python3
```

これで「Enter」を押すと、以下の画像のように続々とインストール用のコマンドが実行されていきます。

そして、最終的に以下のような画面になるとインストール完了です。

インストールができているか確認しましょう。

4章　「Python」を使って『機械学習』を学ぶための環境構築

・インストールができているか確認

```
$ which python3
```

```
● ● ●                          ⌂ ryosuke — -bash — 141×29
[MBP:~ ryosuke$ which python3
/usr/local/bin/python3
MBP:~ ryosuke$ █
```

　このように、「python3」が保存されている場所が返ってきたため、インストールが完了できています。
　また、「python3」を「Homebrew」経由でインストールした際に「pip3」というコマンドも一緒にインストールされていると思います。

・「pip3」がインストールされているか確認

```
$ which pip3
```

```
● ● ●
[MBP:~ ryosuke$ which pip3
/usr/local/bin/pip3
MBP:~ ryosuke$ █
```

　この「pip3」とは、pythonの中で使う「ライブラリ」と呼ばれる便利なツールを管理してくれるためのツールです。

《よくある質問》「Homebrew」と「pip」って何が違うの？

　「brew」も「pip3」も何かをインストールするために使うものですが、どうやって使い分けるのでしょうか。

　答は『Macの中のソフトのインストールが「Homebrew」』、『Pythonの中のライブラリのインストールがpip』です。

　「Homebrew」がMac内で使う「python3」や「pip3」などのソフトを管理し、「pip3」がその「python3」で使うための「ライブラリ」を管理するといった構造になっています。

42

[4-2]「Mac」での環境構築

```
Homebrew
    ├─ python3
    ├─ pip3
    │   └─ python3で使用するライブラリ...
    └─ etc...
```

●「Python」のバージョンを確認

「Python3」をインストールしたのですが、そのときどきによって、インストールされるバージョンが変わります（基本的には最新のバージョンをインストールするため）。

ここで、私がインストールしたバージョンを確認しておきましょう。

※ これとまったく同じでなくてもおそらく大丈夫です。

・python3のバージョンの確認
```
$ python3 --version
```

私のバージョンは「3.6.0」でした。

●「Python3」でよく使うライブラリをインストール

「numpy」（線形代数）や「scipy」（数式処理）、「matplotlib」（プロット）、「pandas」（データベース）は、基本的に何をするにも必須のライブラリですので、インストールしておきましょう。

・「numpy」と「matplotlib」のインストール
```
$ pip3 install numpy    # 線形代数
$ pip3 install scipy    # 数式処理
```

4章 「Python」を使って『機械学習』を学ぶための環境構築

⤵

```
$ pip3 install matplotlib     # 描画
$ pip3 install pandas  # データ操作
```

　数分程度でインストールが完了します。

■「機械学習」で使うライブラリのインストール

● scikit-learn

　「分類」や「予測」のためのモデルが詰まった機械学習用パッケージです。
　「Python」でのデータ分析ではほぼデファクトと言っても良い地位を得ています。

・「scikit-learn」のインストール

```
$ pip3 install scikit-learn
```

● Chainer

　「ディープ・ラーニング」(ニューラル・ネットワーク)を実装する上で有名な国産のライブラリです。
　日本語のリファレンスも豊富で、Googleの「Tensorflow」と並んで人気です。

・Chainerのインストール

```
$ pip3 install chainer
```

● Jupyter notebook

　お手軽に「Python」を実行できる環境です。
　初心者がプログラムの動作確認をするときは、この「Jupyter notebook」を使うことをお勧めしています。

・JupyterNotebookのインストール

```
$ pip3 install jupyter
```

*

　これで『機械学習』を学ぶための環境構築は完了です。

[4-2]「Mac」での環境構築

■「Atom」のインストール

必要なソフトウェアのインストールは完了しましたが、もう少しスムーズにプログラミングをするために「Atom」と呼ばれる「エディタ」をインストールします。

> **One Point**
> 「エディタ」とはよく見慣れたメモ帳と基本機能的には同じで、文字を書いて保存するためのものです。
> しかし、近年のエディタは非常に進化しており、プログラミングが見やすくなるように色付けされたり、ターミナルをエディタ内に内蔵して、スムーズにプログラムを実行できたりします。

エディタの中でも、筆者が最近推しているのが、「**Atom**」です。
GitHub社が作っているということもあり、非常に扱いやすいうえに安定しています。

---

[1]「Atom」のインストールは公式ページより、インストールファイルをダウンロードします。

https://atom.io/

4章 「Python」を使って『機械学習』を学ぶための環境構築

[2] ダウンロードしたファイルを展開（ダブルクリックすれば展開されます）し、展開できれば完了です。

このファイルをはじめに「ターミナル」で説明したアプリケーションフォルダにコピーしておいてください。

これでAtom自体のインストールは完了です。

「Atom」のアプリケーションを開くと、このような画面になります。

● Atomでオススメの設定

Atom内部の設定を簡単にしていきましょう。

開いて直後の右画面に出ている「Install a Package」を選択します。

※「Welcome Guide」を閉じてしまった方は、上部のツールバーから、「Atom」→「Preferences」→左下の「Install」でも同じ画面にたどり着けます。

[4-2]「Mac」での環境構築

こちらの検索画面で「terminal」と検索してください。

検索結果から「platformio-ide-terminal」をインストールしてください。

※「Xcode」をインストールしていない人はエラーがでるため、「AppStore」からXcodeをインストールして、再度Atom内でのインストールをお試しください。

これのインストールが完了すると、「Atom」のエディタ内でターミナルを立ち上げることができ、プログラムを書く場所と実行する場所を一緒にできるため、開発が非常に楽になります。

4章 「Python」を使って『機械学習』を学ぶための環境構築

『生産性』という言葉が大好きな方にはぜひお勧めしたい設定です。

インストール後はここから
ターミナルを開ける

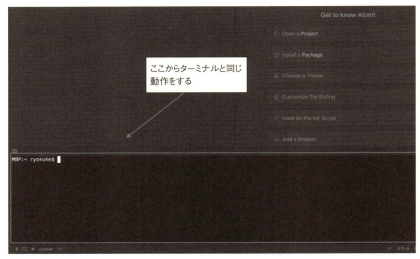

ここからターミナルと同じ
動作をする

*

　「Homebrew」を使って、非常にスッキリした状態でインストールを行なったため、今後他のライブラリが必要になった際にも「pip3」のコマンドを使えば、だいたいうまくいきます。

5章

TensorFlow

5-1 「TensorFlow」を算数で学ぶ

■久保　隆宏

https://www.tensorflow.org/

　「TensorFlow」は主に「機械学習」、特に「多層ニューラルネットワーク」(ディープラーニング)を実装するためのライブラリになりますが、その基本的な仕組みを理解するのに、そうした難しい話は特に必要ありません。

　ここでは、「TensorFlow」の仕組みを、算数程度の簡単な計算をベースに紐解いていきます。

■「TensorFlow」の特徴

　初めに、「TensorFlow」の特徴についてまとめておきます。

　「TensorFlow」は、その名前の通り「Tensor」(多次元配列、行列などに相当)の「Flow」(計算処理)を記述するためのツールです。その特徴としては、以下のような点が挙げられます。

5章　TensorFlow

・スケーラビリティ

「PC」「サーバ」「モバイル端末」まで、各マシンのリソースに応じてスケールします。

つまり、低スペックなものでもそれなりに動くし、GPUを積んだハイスペックなサーバであればそのリソースをフルに活用した計算が可能ということです。

この「計算」は機械学習に限らないため、大規模な行列演算などが必要なシーンでも同様に活用することができます。

これが、「ポータビリティ」と「パフォーマンス」に寄与しています。

・簡易/柔軟な記述方式

これは割りとどのライブラリでも言われることですが、簡易かつ柔軟な記法が可能です。

自動微分の機能が内蔵されており、「計算処理」と「目的関数」を定義するだけで学習できるのは強みと言えると思います。

・多数のプログラミング言語からの利用

現在は「C++」「Python」のみですが、将来的にはSWIG※により他言語からも利用可能なインターフェイスが提供される予定です。

※「C++/C」で書かれたプログラムを別の言語から呼び出すツール。

・可視化機能

「TensorBoard」という「構築した計算フローの可視化機能」が付属しています。

それと、やはり特筆すべきなのは、Googleの中の各種サービス（検索ランキング、画像分類）で使われた実績があるということだと思います。

上記の内容については、公式ページの以下の部分に詳しく記載されているので、参考にしてください。

・Additional Resources/Example Uses
https://www.tensorflow.org/versions/r0.8/resources/uses.html#example-uses

50

[5-1]「TensorFlow」を算数で学ぶ

■ TensorFlowの仕組み

「TensorFlow」の仕組みは、以下のようになっています。

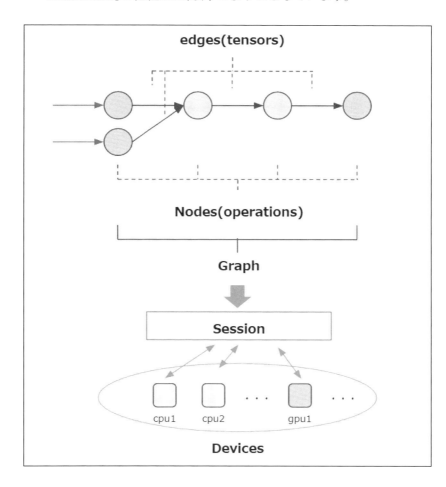

「TensorFlow」の「Graph」は、「Node」と「edge」で構成されます。

「Node」は、計算処理(図中緑の円)か、末端における入力/出力(図中青色の円)を表わします。

「edge」は、計算結果の値である多次元配列、つまり「tensor」を表わします。

5章 TensorFlow

そして、「Graph」は「Session」に割り当てて計算を行ないます。

「Session」は、計算可能になった「Node」(「edge」から送られてくる計算結果がすべてそろった「Node」)を非同期/並列に計算していきます。

計算に際しては、どの「Device」(cpu/gpu)で行なうのかの割り振りもします。

*

これが、「TensorFlow」における計算処理の全貌となります。

公式ページの以下の部分に記述されているため、参考にしてください。

・Getting Started/Basic Usage
http://tensorflow.org/get_started/basic_usage.html#basic-usage

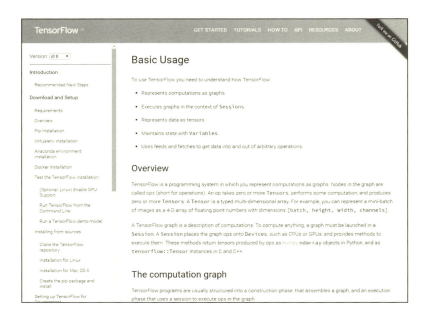

また、末端における入力/出力、具体的にはファイルの読み込みや計算結果の保存などについては、以下の箇所にまとまっています。

・ファイル読み込みなど
TensorFlow How to/Reading data
http://tensorflow.org/how_tos/reading_data/index.html#reading-data

[5-1] 「TensorFlow」を算数で学ぶ

・変数の初期化/保存/読み込みについて
TensorFlow How to/Variables: Creation, Initialization, Saving, and Loading
http://tensorflow.org/how_tos/variables/index.html#variables-creation-initialization-saving-and-loading

　いずれも、実際にデータを使って計算する際によく利用する処理なので、要確認です。

■「TensorFlow」による演算

　では、実際に「TensorFlow」を利用して簡単な演算を行なってみたいと思います。

　今回紹介するコードは、以下のリポジトリにまとめています。

・icoxfog417/tensorflow-arithmetic
https://github.com/icoxfog417/tensorflow-arithmetic

53

5章 TensorFlow

・tensorflow-arithmetic.ipynb
https://github.com/icoxfog417/tensorflow-arithmetic/blob/master/tensorflow-arithmetic.ipynb

から、「iPython notebook」を参照できます。

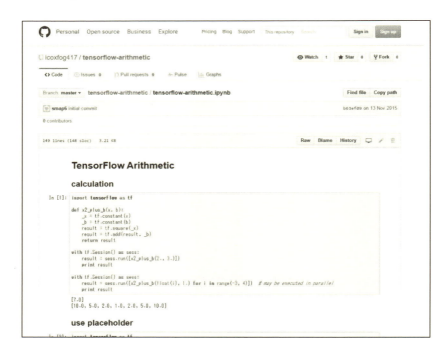

MEMO

[5-1]「TensorFlow」を算数で学ぶ

■ インストール

インストール方法については、p.16やp.62を参照してください。

■ 演算

では、実際に「TensorFlow」を使って計算してみます。

最初は、以下の式を書いてみます(算数というにはちょっと数学よりですが)。

> y=x2+by=x2+b

「TensorFlow」で書いた式が、以下になります。

```
import tensorflow as tf

def x2_plus_b(x, b):
    _x = tf.constant(x)
    _b = tf.constant(b)
    result = tf.square(_x)
    result = tf.add(result, _b)
    return result
```

図で表わすと、以下のような感じになります。

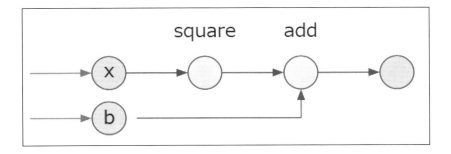

5章 TensorFlow

*

これで式は完成したので、実際に「Session」を使って実行してみましょう。

```
with tf.Session() as sess:
    result = sess.run([x2_plus_b(2., 3.)])
    print result
```

実行結果(printの出力)は、以下のようになります。

```
[7.0]
```

「22+3=722+3=7」なので、きちんと計算できていることが分かります。

利用可能な演算用のメソッドは、ドキュメントに記載されています。

・TensorFlow API/Math
http://tensorflow.org/api_docs/python/math_ops.html#math

また、引数は「placeholder」という形で与えることもできます。

```
import tensorflow as tf

p_x = tf.placeholder(tf.types.float32)
p_b = tf.placeholder(tf.types.float32)
p_x2_plus_b = tf.add(tf.square(p_x), p_b)

with tf.Session() as sess:
    result = sess.run([p_x2_plus_b], feed_dict={p_x: [2.],
p_b: [3.]})
    print result
```

「placeholder」には、「Session」の実行時に「feed_dict」を利用して値を受け渡します。

56

[5-1] 「TensorFlow」を算数で学ぶ

■ 可視化

「TensorFlow」には、「TensorBoard」という強力なビジュアライゼーションツールが付いている点も特徴のひとつになっています。

これを使って、式の計算結果を可視化してみましょう。

「pip」でインストールしていれば、「tensorboard」というコマンドが実行可能になっているはずです。

これを利用して可視化するのですが、まずは可視化する対象の値を出力していきます。

```python
import tensorflow as tf

def monitor_calculation(x, b):
    title = "b = {0}".format(b)
    c = x2_plus_b(float(x), float(b))
    s = tf.scalar_summary(title, c)
    m = tf.merge_summary([s])  # if you are using some
summaries, merge them
    return m

with tf.Session() as sess:
    writer = tf.train.SummaryWriter("log", graph_def=sess
.graph_def)
    xaxis = range(-10, 12)

    for b in range(3):
        for x in xaxis:
            summary_str = sess.run(monitor_calculation(x, b))
            writer.add_summary(summary_str, x)
```

57

5章 TensorFlow

　ポイントとしては、「tf.scalar_summary」で計算した値を「summary」しておく点です。
　こうして計算した「summary」を、「tf.train.SummaryWriter」で書き出していきます。

　上記の処理を実行すると、「log」フォルダ内にファイルが出力されます。

　その後に、「tensorboard」を以下のように実行します。

```
tensorboard --logdir=/path/to/log-directory
```

（パスは絶対パスが確実）。

　そうすると、以下のようにグラフが表示されると思います[※]。

> ※起動してから表示されるまでに時間がかかります。
> 　ずっと表示されないと思っていたら唐突に出てきたりすることがけっこうありました。

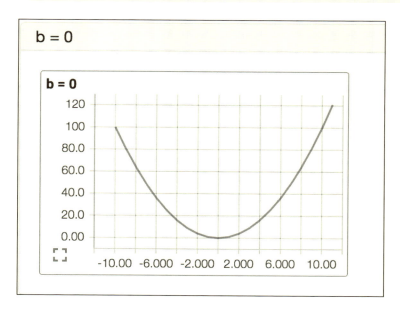

[5-1]「TensorFlow」を算数で学ぶ

これで、「計算した値をプロットする」といったことが簡単にできます。
機械学習時には、誤差や精度などをプロットすることで学習状況を把握することもできるでしょう。

また、「GRAPH」のタブでは、構築した式(=グラフ)をビジュアライズしたものを見ることができます。

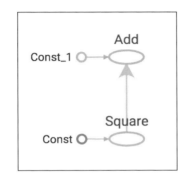

グラフを描画する際のテクニック(名称空間を使って処理を作ってまとめたりなど)は、以下に記載されているので参考にしてください。

・TensorBoard: Graph Visualization
http://tensorflow.org/how_tos/graph_viz/index.html#tensorboard-graph-visualization

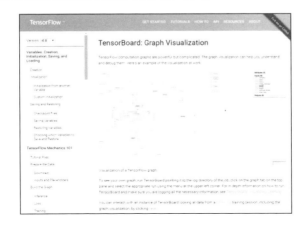

5章 TensorFlow

また、「TensorBoard」の使い方については、以下を参考にしてください。

・TensorBoard: Visualizing Learning
http://tensorflow.org/how_tos/summaries_and_tensorboard/index.html#tensorboard-visualizing-learning

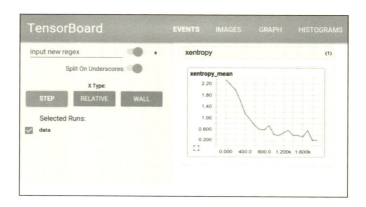

「summary」の書き出し方法については、「mnist」のサンプルが参考になります。

「mnist.py」のほうに処理の記述があり（ここで「calar_summary」などを使用）、「fully_connected_feed.py」のほうで「mnist.py」で定義した処理を組み合わせて実行処理を行なっています。

・mnist.py
https://github.com/tensorflow/tensorflow/blob/master/tensorflow/examples/tutorials/mnist/mnist.py

・fully_connected_feed.py
https://github.com/tensorflow/tensorflow/blob/master/tensorflow/examples/tutorials/mnist/fully_connected_feed.py

[5-1]「TensorFlow」を算数で学ぶ

以上が、TensorFlowの基本的な仕組みになります。

本内容は、「Getting Started」の内容をさらったような形となっています。

http://tensorflow.org/get_started/index.html

5章 TensorFlow

5-2 WindowsのAnaconda環境に「TensorFlow 1.0」をインストール

■友近　圭汰

　Windowsに構築している「Anaconda」の環境に「TensorFlow」をインストールして、確認するところまでをまとめておきます。

■「TensorFlow」を以前のバージョンから「1.0」にアップグレードする場合

　「TensorFlow 1.0」から関数名が大幅に変更が加わっているため、「1.0」にアップグレードしようと考えている方はご注意ください。

　「バージョン1.0」以前のスクリプトを使いたい場合は、公式の「移行ガイド」を参照するといいでしょう。

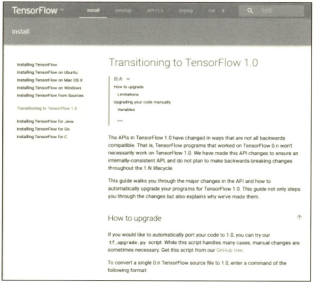

https://www.tensorflow.org/install/migration

　もしくは、自動で変換してくれるスクリプトが公式から公開されているので、それを使ってください。

[5-2] WindowsのAnaconda環境に「TensorFlow 1.0」をインストール

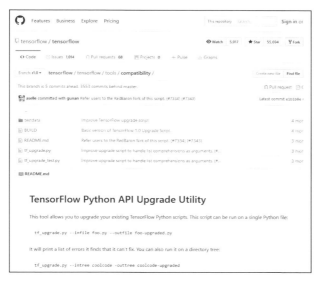

https://github.com/tensorflow/tensorflow/tree/r1.0/tensorflow/tools/compatibility

● 導入環境

- Windows 10（64bit）
- Anaconda 4.3.0（64bit）
- Python 3.5（仮想環境を作る）
- TensorFlow 1.0（これからインストール）

■ 手順

●「Anaconda」のインストール

　私は、Windowsでの「Python」の実行環境として、「Anaconda」を使っています。

　すでに、使っている環境がある方は読み飛ばして問題ありません。

　詳しいインストール方法は、p.27を参考にしてください。

5章 TensorFlow

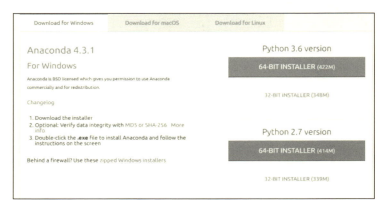

https://www.continuum.io/downloads#windows

「Anaconda」のインストールとともに、ダウンロード時に選択した「Python」（私の場合は「Python3」）と「jupyter notebook」というエディタも入ります。

jupyter notebook

● 「Python3.5」の準備

「TensorFlow」は今のところ「Python3.5.x」しかサポートしていません。

現在の最新版の「Anaconda」を上記の手順通りにインストールすると

[5-2] WindowsのAnaconda環境に「TensorFlow 1.0」をインストール

同時にインストールされる「Python」のバージョンは「3.6」です。

そのため、私は「Anaconda」上に仮想環境として「Python3.5」の環境を作りました。

p.16の方法を使って、「3.6」で動く場合は、問題ありませんが、うまく導入できない場合は、以下を参考にしてください。

「Anaconda環境」として「Python3.5」のものを選んでインストールした場合は、この手順は飛ばしてかまいません。

*

「TensorFlow」のために「Python3.5」の仮想環境を作るために、「Anacondaプロンプト」を起動し、次のコマンドを実行してください。

「Jupyter Notebook」で開発する人は、同時に「jupyter」もインストールしておくことをお勧めします。

・create_tensorenv

```
# tensorflowのための仮想環境の作成、名前のパラメータはなんでもいいです
$ conda create --name=tensorenv python=3.5
# 後ろにパッケージ名を列挙することで同時にインストールできます
$ conda create --name=tensorenv python=3.5 jupyter numpy
<package name> ...
# 仮想環境ができているかの確認
$ conda info -e
```

リストの中に、「conda create」で指定した名前があれば、成功です。

*

仮想環境への「移り方」と「抜け方」は、次のコマンドで行ないます。

名前のところは、リストの中にあるものを指定してください。

65

5章 TensorFlow

・activate_tensorenv

```
# 仮想環境への移り方
$ activate tensorenv
# 仮想環境からの抜け方
$ deactivate tensorenv
```

　もし間違って作ってしまった場合は、次のコマンドで仮想環境を削除できます。

・remove_tensorenv

```
# 仮想環境の削除
$ conda remove --name=tensorenv --all
```

■「TensorFlow」のインストール

　「TensorFlow」をインストールするコマンドは2つあります。次のどちらかでインストールすることができます。

①CPU版「TensorFlow」のインストールコマンド

・install_tensorflow_cpu

```
# tensorflowインストールコマンド1
$ pip install --upgrade tensorflow
# tensorflowインストールコマンド2
$ pip install --ignore-installed --upgrade https://storage
.googleapis.com/tensorflow/windows/cpu/tensorflow-1.0.0-
cp35-cp35m-win_amd64.whl
```

②GPU版「TensorFlow」のインストールコマンド
　こちらは動作確認していません。

66

[5-2] WindowsのAnaconda環境に「TensorFlow 1.0」をインストール

・install_tensorflow_gpu

```
# tensorflowインストールコマンド1
$ pip install --upgrade tensorflow-gpu
# tensorflowインストールコマンド2
$ pip install --ignore-installed --upgrade https://storage
.googleapis.com/tensorflow/windows/gpu/tensorflow_gpu-1.0.0-
cp35-cp35m-win_amd64.whl
```

　コマンド①では、「tensorflow」の最新バージョンがインストールでき、コマンド②では、指定したバージョンをインストールできます。

■ インストール確認

　最後に、正しくインストールできたか確認しましょう。

　コマンドラインから「Python」を起動し、「TensorFlow」がインポートできるか確認します。

・validate_installation

```
# Pythonの起動
$ python
>>> import tensorflow as tf
>>> hello = tf.constant('Hello, TensorFlow!')
>>> sess = tf.Session()
>>> print(sess.run(hello))
```

　上記スクリプトを実行して、何もエラーが出ずに"Hello, TensorFlow！"と表示されれば、インストール完了です！

5章　TensorFlow

● 参考

・TensorFlow公式ホームページ Windowsへのインストール方法
https://www.tensorflow.org/install/install_windows

・condaの使い方メモ
http://qiita.com/showsuzu/items/e2fddf22f725f4d2ab8c

・stackoverflow-tensorflow インストール時のエラー報告
http://stackoverflow.com/questions/42266094/tensorflow-1-0-
windows-64-bit-anaconda-4-3-0-error

・TensorFlow 1.0.0 リリースノート
http://tensorflow.classcat.com/2017/02/16/tensorflow-1-0-0-release-
note/

・公式のTensorFlow 1.0への移行ガイド
https://www.tensorflow.org/install/migration

・TensorFlow　の "AttributeError: 'module' object has no attribute
'xxxx'" エラーでつまづいてしまう人のための移行ガイド
http://qiita.com/shu223/items/ef160cbe1e9d9f57c248

6章

「Chainer」で始める「ニューラル・ネットワーク」

■久保　隆宏

6-1　「Chainer」の特長

「Chainer」は、Preferred Networksが開発した「ニューラル・ネットワーク」を実装するためのライブラリです。

http://chainer.org/

その特徴としては、以下のような点があります(ホームページより)。

・高速：「CUDA」をサポートし、GPUを利用した高速な計算が可能
・柔軟：柔軟な記法により、「畳み込み」「リカレント」など、さまざまなタイプのニューラルネットを実装可能
・直観的：ネットワーク構成を直観的に記述できる

個人的には、さらに1つ、「インストールが簡単」というのも挙げたいと思います。

「ディープ・ラーニング」系のフレームワークはどれもインストールが面倒なものが多いのですが、「Chainer」は依存ライブラリが少なく、簡単に導入できました。

ただ、「1.5.0」から「Cython」を使うようになって、ちょっと手間になりました。

＊

インストール方法については、p.16か以下を参照してください。

69

6章 「Chainer」で始める「ニューラル・ネットワーク」

・Mac
http://qiita.com/unnonouno/items/b1fd299b90dd7e134217

・Windows
http://qiita.com/icoxfog417/items/ca1521f9d62183cea234

・AWS
http://qiita.com/unnonouno/items/8d8118bb38a589f7dbfa

・公式インストール情報
https://github.com/pfnet/chainer#installation

　また、「Chainer」は、上記の通り記法が直観的かつシンプルなので、単純なネットワークからより複雑な、いわゆる「ディープ・ラーニング」と呼ばれる領域まで幅広くカバーできます。

　他の「ディープ・ラーニング」系のライブラリは、ディープでない場合完全にオーバースペックですし、かといってシンプルなライブラリ（「PyBrain」など）ではディープだと厳しい、という状況だったので、この点もメリットとして大きいと思います。

*

　ここでは、そんな魅力的な「Chainer」の使い方について解説しますが、「Chainer」を扱うには（割と深い）「ニューラル・ネットワーク」に関する知識が必要不可欠です。
　そのため、「ニューラル・ネット」側の知識が不十分だとはまることがままあります（私ははまりました）。

　よって、ここではまず「ニューラル・ネットワーク」の仕組みについてざっと説明し、後の段でそれをどう「Chainer」で実装するのかついて解説していきます。

6-2 「ニューラル・ネットワーク」の仕組み

■ 構成

「ニューラル・ネットワーク」の構成は、以下のようになっています。

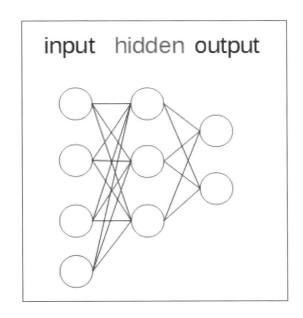

・「ニューラル・ネットワーク」は、入力を受け取る「input層」、出力を行なう「output層」、その間の任意の数の「隠れ層」(hidden)から構成されます。上図では、「隠れ層」は「1層」になります。

・各層には、任意の数の「ノード」が存在します。このノードは、実体としては入力を受け取り値を出力する単なる「関数」です(後述します)。

・「入力」に際しては、実際の入力とは別に独立した値を入れることがあります。これを「バイアス(bias)ノード」と呼びます(図中の灰色のノードで、通常値は1です。「ax+bax+b」における「bb」(切片)のようなものです)。

6章 「Chainer」で始める「ニューラル・ネットワーク」

■ 伝播

「input」からの入力がどのように「output」までたどり着くのか、詳しく見ていきます。

次の図は、「隠れ層」の「第一ノード」に「input」からの入力が行なわれる様子を見やすくしたものです。

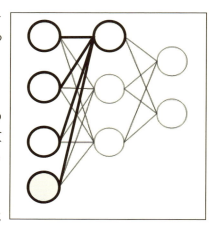

4つの「input」が伝わっているのが分かります。「input」はそのまま直に伝わるのでなく、「重み」がかけられます。

「ニューラル・ネットワーク」は脳の中のニューロンの構成をまねたものですが、これと同様に「入力」（刺激）が伝播する際、弱められたり強められたりするものだと思ってください。

数式的に表現すれば、入力が「xx」だとしたら、「axax」という感じで、「aa」という**重み**が掛けられます。

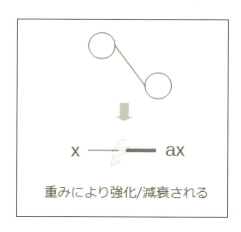

重みにより強化/減衰される

[6-2] 「ニューラル・ネットワーク」の仕組み

*

さて、ここで「ax」という入力を受け取ったわけですが、ノードは受け取ったこの値をそのまま次の層に横流しするわけではありません。

脳の中では、ある閾値を超えた入力でないと、次の層には伝播させないという仕組みがあるそうで、ここでもそれを真似て、受け取った入力を次層への出力に変換します。

数式的に表現すれば、「入力」を次層への出力に変換する関数を「hh」とし、その「出力値」は「h(ax)h(ax)」で表現できます。
この関数「hh」を、**活性化関数**と呼びます。

*

まとめると、「ニューラル・ネットワーク」における値の伝播にとって重要な要素は、以下二点になります。

重み (weight)	入力された値がどれくらい「強化/減衰」されるかを決定する。
活性関数 (activation function)	受け取った値を、どのように次の層へ渡すか。

端的に見れば、「ニューラル・ネットワーク」は受け取った入力に対して重みをかけて出力しているにすぎません。

そのため、一層の「ニューラル・ネットワーク」は、「線形回帰」や「ロジスティック回帰」とほぼ同義になります。

そう考えると、「ノード数」「層数」の操作がどのような意味をもつのかが明確になってきます。

・**ノード数を増やす**：扱う変数を増やし、多数の要素を加味して値/境界を決定できるようにする
・**層数**：「直線境界」をどんどん組み合わせていき、複雑な境界を表現できるようにする(一層は線形、二層は凸領域、三層は凸領域の中に穴が開いたような領域…と、どんどん複雑になる。「はじめてのパターン認識 第7章 パーセプトロン型学習規則」 参照)

http://qiita.com/icoxfog417/items/e574a9d61f9f680d578b

6章 「Chainer」で始める「ニューラル・ネットワーク」

「ニューラル・ネットワーク」を扱う場合、適当に「ノード数」や「層数」をガチャガチャしてしまうこともあるかと思いますが、しっかりデータをプロットし、適切な「ノード数」「層数」にあたりをつけることも肝要です。

■ 学習

「ニューラル・ネットワーク」を学習させるには、「誤差逆伝播法」(Backpropagation)という手法を用います。

「誤差」とは「ニューラル・ネットワーク」から出力した値と、実際の値との間の差異になります。

「Backpropagation」は、この「誤差」をその名の通り後ろ(出力層=output層)から伝播させていき、各層の重みを調整するという手法です。

　　　　　　　　*

「Backpropagation」の詳細は、他にさまざまな説明があるので、ここでは深入りしませんが、重要な点は以下2点になります。

・「誤差」の計算方法

「ニューラル・ネットワーク」から出力した値と、正解データの間の誤差をどのように計算するか。

コードの中では、「cost function」「loss function(あるいは単にloss)」「error function」などと定義される。

・「重み」を調整する方法

計算された誤差をもって、どのように重みを調整していくのかを決定する。

コードの中では「optimizer」として定義される。

74

[6-3] 「Chainer」による実装

　なお、どれくらいの学習データを利用して上記の「誤差を計算し、重み
を更新する」という操作を行なうかはいくつか手法があります。

バッチ	全学習データを用い、誤差の平均から一気に更新する
オンライン	データ一件ごとに逐次更新する
ミニバッチ	バッチとオンラインの中間のような手法。全学習データの中からいくつかサンプルを取り用いる(よく使われる手法)。

　利用した学習データに対して更新を終えるのが、「1エポック」という
サイクルになります。
　通常は、この「エポック」を何回か繰り返して学習していきます。

　ただ、単純に繰り返しているとあまりよろしくないので、「エポック」
のたびに学習データをシャッフルしたり、「ミニバッチ」の場合は「ミニ
バッチ」の取得位置をズラしたり、ランダムにサンプリングしたりします。

＊

　この「エポック」は、学習の途中経過を確認したり、パラメーターの再
調整を行ったりと、「ニューラル・ネットワーク」の学習において重要な
単位になっています。

6-3 「Chainer」による実装

　「ニューラル・ネットワーク」について説明した内容を、ここでいった
んまとめておきます。

構成	複数のノードを持つ層を重ねることで構築される
伝播	入力に対し重みをかけ、活性化関数を経由することで次層への出力へ変換する
学習	誤差を計算し、それを基に各層の重みを調整する

＊

　では、「Chainer」での実装と上記のポイントを対応させながら見てい
きます。

6章 「Chainer」で始める「ニューラル・ネットワーク」

■ 構成

　「Chainer」では、「ニューラル・ネットワーク」は「Chain」で構成します（「1.4」までは「FunctionSet」）。

　以下は、今まで説明に使っていた「4-3-2型」の「ニューラル・ネットワーク」を定義したものです。

```python
from chainer import Link, Chain, ChainList
import chainer.functions as F
import chainer.links as L


class MyChain(Chain):

    def __init__(self):
        super(MyChain, self).__init__(
            l1=L.Linear(4, 3),
            l2=L.Linear(3, 2)
        )

    def __call__(self, x):
        h = F.sigmoid(self.l1(x))
        o = self.l2(h)
        return o
```

※「Chain」は継承しなくても差し支えないようですが、CPU/GPUのマイグレーションやモデルの保存などは「Chain」を継承しないとできないので、素直に継承したほうがいいと思います。

　なお、単純な全結合であればわざわざクラスを作る必要はなく、「Chain(l1=..., l2=...)」でいいようです。

※「1.5」からパラメーター付の関数（=最適化の対象となる）は「Link」、純粋な関数（sigmoidなど）は「Function」と役割が明確に分けられました。

[6-3]「Chainer」による実装

「あれ、隠れ層は一層じゃなかったっけ?」と思った方は、もっともだと思います。上記の「l1、l2」については、図を参照してください。

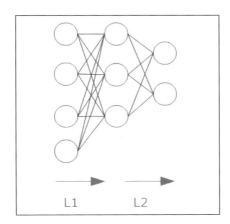

このように層と層の間の伝播を考えていくと、2層になるというからくりです。

実際、「L.Linear」は、「伝播」の際の「重み」を保持しており、「入力」に対してこの「重み」をかける操作を担います。

■ 伝播

「伝播」の処理は、上記の通り「Chainクラス」の「__call__」に実装を行ないます。

```
def __call__(self, x):
    h = F.sigmoid(self.l1(x))
    o = self.l2(h)
    return o
```

※「1.4」まで「forward」として書いていた処理は、「__call__」に書くことになります
(「Python」では、「__call__」を定義しておくと、たとえば「model」というインスタンスから「model()」とすると、「__call__」に書いた処理が呼べます)。

6章 「Chainer」で始める「ニューラル・ネットワーク」

ここでは、「入力x」に対して「重み」をかけて(self.l1(x))、次の層へは「活性化関数」としてよく利用される「シグモイド関数」を経由した値を渡しています(h=F.sigmoid(self.l1(x)))。

最後の「出力」では、次の層へ渡すための処理は不要なので、「活性化関数」は使っていません(o = self.l2(h))

■ 学習

「学習」に際しては、まず「予測した値」と「実際の値」との間の「誤差」を計算する必要があります。

これは単純に「関数」として実装してもいいですが(「Chainer」内では「lossfun」という名前が一般的)、分類問題なら「Classifier」を使うと楽です。

```
from chainer.functions.loss.mean_squared_error import mean
_squared_error

model = L.Classifier(MyChain(), lossfun=mean_squared_error)
```

実は、「Classifier」も実体は「Link」、つまり「パラメータつきの関数」で、「__call__」内で「MyChain」から出力される値と教師データの誤差を計算しています(計算のための「Function」は当然指定可能です(上記ではmean_squared_error))。

「1.5」では、この「Link」をつなげられるようになった点が非常に大きく、モデルの再利用性がぐっと高くなりました。

上記でも、本体のモデルとそれを利用して、「誤差」を計算する処理とをきれいに分けて書くことができているのが分かると思います。

*

誤差を計算した後は、これが最小となるようモデルの「最適化」を行ないます(上述の「Backpropagation」)。

この役割を担うのが「optimizer」となり、MNISTの「example」の学習の箇所は、以下のようになっています。

78

[6-3] 「Chainer」による実装

https://github.com/pfnet/chainer/blob/master/examples/mnist/train
_mnist.py

```python
# Setup optimizer
optimizer = optimizers.Adam()
optimizer.setup(model)

...(中略)...

# Learning loop
for epoch in six.moves.range(1, n_epoch + 1):
    print('epoch', epoch)

    # training
    perm = np.random.permutation(N)
    sum_accuracy = 0
    sum_loss = 0
    for i in six.moves.range(0, N, batchsize):
        x = chainer.Variable(xp.asarray(x_train[perm[i:i
+ batchsize]]))
        t = chainer.Variable(xp.asarray(y_train[perm[i:i
+ batchsize]]))

        # Pass the loss function (Classifier defines it) and
its arguments
        optimizer.update(model, x, t)
```

Chainer

6章 「Chainer」で始める「ニューラル・ネットワーク」

基本的なステップとしては、以下3つです。

・optimizer を作成 (optimizers.Adam())

・optimizer にモデルをセット (optimizer.setup(model))

・optimizer でモデルを更新 (optimizer.update(model, x, t))

中核となるのは、更新を行なっている「optimizer.update」です。

「1.5」からは「lossfun」を引数に渡すことで、自動的に渡された「loss fun に」よる誤差計算、伝播(backward)を行なってくれるようになりました。

もちろん、今まで通り「model.zerograds()」で勾配を初期化してから自前で誤差の計算・伝播を行ない(loss.backward)、「optimizer.update」を呼ぶことも可能です。

このように、「Chainer」では、モデルを定義したらあとは簡単に最適化ができるよう設計されています(Define-and-Run)。

*

そして、学習したモデルは「Serializer」を利用することで、簡単に保存/復元が可能です(「optimizer」についても保存可能です)。

```
serializers.save_hdf5('my.model', model)
serializers.load_hdf5('my.model', model)
```

■ Tips

後は、実際実装する上でのTipsをいくつか挙げておきます。

・「Chainer」は、「float32」をメインで扱うため、ちゃんとこの型にしておかないとエラーになります。

「numpy」は、デフォルトだと「float64」のため注意です。

・「loss function」の想定している型をきちんと把握しておく必要があります。

たとえば、分類問題でよく利用される「softmax_cross_entropy.py」は、教師データが(ラベルを表わす)「int32型」であることを想定しています。

ここを「float」で渡すとエラーになるので、注意してください。

80

[6-3]「Chainer」による実装

・「1.5」から (?)、計算処理のフローをグラフ表示できるようになりました (Visualization of Computational Graph)。モデルがきちんと構築できているか、確認するのにいいでしょう。
http://docs.chainer.org/en/stable/reference/graph.html

　多分最初にハマるのは主に「型系のエラー」だと思います。

　「Chainer」は型に始まり型に終わる…かは分かりませんが、「型に始まる」のは間違いないので、この点に気を付けてぜひ利用してみてください。

MEMO

7章

Keras

■友近　圭汰

　「Keras」（ケラス）は、「TensorFlow」と「Theano」のための「Python」によるラッパーであり、深層学習ライブラリです。

　このライブラリを使うことで、非常に簡単に深層学習を体感することができるとともに、多くのネットワーク構造を難しい理論を意識することなくコーディングできます。

7-1　ディープラーニングをすぐに試せるライブラリ「Keras」

　ここでは、まず「TensorFlow」と「Keras」を導入し、手始めとして「多層パーセプトロン」で四角形の識別を行ないます。

http://keras.io/ja/

■ 実行環境

・Windows 10（64bit）with only CPU

・Python 3.5.2

・Anaconda 4.2.0（64bit）

・TensorFlow 0.12.1

・Keras 1.2.1

■ 実行環境の導入手順

●「Anaconda」のインストール

　私は、WindowsでのPythonの実行環境として、「Anaconda」（アナコンダ）を使っています。

　すでに、使っている環境がある方は読み飛ばして問題ありません。

[7-1] ディープラーニングをすぐに試せるライブラリ「Keras」

＊
詳しいインストール方法は、p.27を参考にしてください。
＊
「Anaconda」のインストールとともに、ダウンロード時に選択した「Python」（私の場合は「Python3」）と「jupyter notebook」というエディタも入るので、別に「Python」をインストールする必要はありません。

●「TensorFlow」のインストール

「Keras」では、バックエンドで動かすライブラリを「TensorFlow」か「Theano」かで選択できるのですが、ここでは「TensorFlow」を使います。

[1] インストールには、「pip」を用いるため、まず、スタート画面から「Anaconda」を検索し、起動します。

[2] インストール直後は、念のため「pip」を最新版に更新しておきましょう。

最新版にするには、次のコマンドを「Anaconda Prompt」で実行します。

```
pip_upgrade
$ pip install --upgrade pip
```

7章　Keras

[3]最新版にできたら、「TensorFlow」をインストールします。
インストール方法はp.66を参考にしてください。

●「Keras」のインストール

続けて、次のコマンドを実行すると、「Keras」のインストールは完了です。

```
Keras_install
# Kerasインストール
$ pip install keras


# インストールされているかの確認
# 同じくKerasが確認できればOKです。
$ pip list |grep Keras
```

● 導入できているかの確認

ここで、本題に入る前に導入が正しくできているかを確認しておきます。
＊
「Anacondaプロンプト」を開いている状態だと思うので、そこでpython を起動し、きちんとimportできるか確認してください。

次のようになっていれば、大丈夫です。

```
introduction_confirmation
# pythonの起動
$ python
# tensorflowのインポート
>>> import tensorflow
# Kerasのインポート
>>> import keras
using TensorFlow backend
```

84

[7-1] ディープラーニングをすぐに試せるライブラリ「Keras」

■ 多層パーセプトロン (MLP) を用いた多値分類

● 四角形の横長か縦長かの分類

≪データセットのダウンロード≫

次のような画像を入力として、簡単な分類をしてみます。

＊

まず、ディープラーニングをするにはデータが必要なので、サイトからデータをダウンロードしてください。

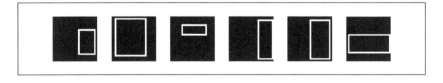

http://www.iro.umontreal.ca/~lisa/twiki/bin/view.cgi/Public/RectanglesData

このデータセットは、次のような四角形の画像のデータセットとなっています。

なので、手始めに「Keras」を使って、「縦長」か「横長」かの2クラス分類をしてみます。

MEMO

7章 Keras

《プログラミング》

「Jupyter」の使い方は、こちらが分かりやすくまとめられているので、参考にしてください。

http://qiita.com/taka4sato/items/2c3397ff34c440044978

＊

さて、プログラムの手順についてですが、ざっくりいうと、次のようになります。

[1] 学習用のデータの読み込み

[2] 学習できる形にデータの整形（前処理）

[3] ネットワーク層の構築

[4] 学習

[5] テストデータで性能の評価

[6] 画面に結果の一部を表示して確認

[7] アーキテクチャと重みを書き出し

一度学習してしまえば、2回目からは書き出したアーキテクチャと重みを読み込んで使えるので、[3][4] が必要なくなります。

＊

実装すると、コードは次のようになります。

http://qiita.com/tomochiii/items/c17505872781c201d7b1

実行結果などは「Jupyter Notebook」を「Gist」にアップしているので、必要でしたらそちらを確認してください。

http://gist.github.com/keit0222/24922f11c7c3e3c36e42a4e4f2722ee4

《結果》

「エポック数」「バッチ数」「最適化アルゴリズム」などのパラメータを適当に調整すると、この簡単な分類だと正答率９２％程度は出るみたいです。

次の画像に一部のテストデータの結果を表示しています。

正しく分類されているのが確認できます。

[7-1] ディープラーニングをすぐに試せるライブラリ「Keras」

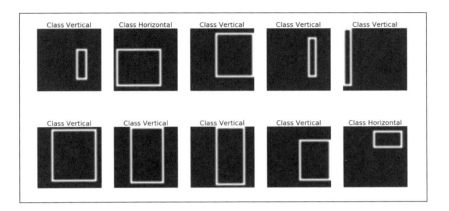

≪学習ずみデータを使っての分類≫

学習させるには、やはり時間がかかります。そこで、実用の際には、あらかじめ学習ずみの重みを保存しておいて、それを使うという方法をとります。

具体的にどうするのかと言うと、先ほどのスクリプトの最後で「JSON」と「h5」という拡張子で保存していると思うので、それを読み込むだけです。簡単です。

*

上では、テストデータを分類していましたが、どんなデータでも分類できるのかこれだけだと信用できません。

そこで、ペイントで適当に次のような56ピクセル×56ピクセルの四角形のデータを4枚用意しました。これが分類できるかどうか試してみます。

結果を見ると正しく分類できているのが分かりますね。

使用した読み込んで分類するPythonスクリプトは次になります。

http://qiita.com/icoxfog417/items/67764a6756c4548b5fb8

「Gist」に「Jupyter Notebook」の結果も載せているので、必要な方はそちらを確認ください。

http://gist.github.com/keit0222/77dcf73e9930dcae1d5708ab154f3034

7章 Keras

7-2 「手書き文字」のデータセットを用いて数字の多クラス分類

　Windowsへのディープラーニング用ライブラリ「Keras」(ケラス)の
導入と、「四角形」が「縦長」か「横長」かの2値分類を行ないました。

　次は「ディープ・ラーニング」を使ってまで「2値の分類」では面白く
ないと思うので、次のステップに進みます。「MNIST」という「0～9」の数
字の「手書き文字」のデータセットを用いて、数字の多クラス分類をしま
す。

　ここでも、「ネットワーク」は前回と同じく「多層パーセプトロン」
(MLP)を使います。

　なお、「多層パーセプトロン」について説明していなかったので、最初に
軽く説明します。

■ 実行環境

- ・Windows 10 (64bit) with only CPU
- ・Python 3.5.2
- ・Anaconda 4.2.0 (64bit)
- ・TensorFlow 0.12.1
- ・Keras 1.2.1

■「多層パーセプトロン」とは

● パーセプトロン

　「パーセプトロン」とはいったい何なのでしょうか。

　参考文献に載せている1番目の書籍によると、

> パーセプトロンとは、ローゼンブラッドというアメリカの研究者に
> よって1957年に考案されたアルゴリズムで、ニューラルネットネット
> (ディープラーニング)の起源となるものです。

ということらしいです (多少、表現は変えています)。

[7-2]「手書き文字」のデータセットを用いて数字の多クラス分類

　これだけでは具体的に何なのか分からないと思うので、具体的に「パーセプトロン」自体が何かを説明します。

＊

　言葉で説明すると、「複数の信号を入力として受け取り、1つの信号を出力するもの」で、出力信号は「0」か「1」かの2値をとります。

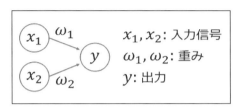

　「ニューロン」では、送られてきた信号の総和が計算され、その総和がある限界値を超えた場合にのみ「1」を出力します。
　これを「ニューロンが発火する」と表現することもあるそうです。
　その限界値を「閾値」(しきいち)と呼び、「θ」で表わすと、出力「y」は、次のような式で表現できます。

$$y = \begin{cases} 0 & (\omega_1 x_1 + \omega_2 x_2 \leq \theta) \\ 1 & (\omega_1 x_1 + \omega_2 x_2 > \theta) \end{cases}$$

　つまり、パーセプトロンの**重み「ω」は信号の重要度の高さ**を表わし、**バイアス「b」は発火しやすさを調整する**パラメータです。
　バイアス「b」とは、「b=$-\theta$」としたもののことです。
　文脈によってはこの「バイアス」も「重み」と呼ばれることもあります。
　しかしながら、上式を見ると分かるように、単一の「パーセプトロン」で識別できるのは直線で識別できるものだけです。
　そのため、「非線形」の事象には、対応できません。

7章 Keras

● 多層パーセプトロン

単純な「パーセプトロン」は、「線形問題」でしか使えません。

しかし、「パーセプトロン」は層を重ねることができるため、「非線形問題」も扱うことができるようになります。これを、「多層パーセプトロン」と言います。

＊

ここで、少し気をつけなければならないことがあります。

それは、広く「多層パーセプトロン」と呼ばれるものは、先ほど説明した「単純なパーセプトロン」とは別物だということです。

「多層パーセプトロン」は、パーセプトロンが「0」か「1」かの出力だったのに対し、出力は「活性化関数」が「シグモイド」の場合、「0」から「1」までの実数が出力値となります。

＊

さて、いきなり「活性化関数」という言葉を出しました。

「活性化関数」というのは、「単純パーセプトロン」が閾値で出力が「0」か「1」かを決めていたのに対して、「多層パーセプトロン」では、入力の総和を「変数」として非線形の活性化関数「h」をとおすことで、出力の実数を決定します。

$$a = \omega_1 x_1 + \omega_2 x_2 + b$$
$$y = h(a)$$

たとえば、「シグモイド関数」は、次のような関数で、入力される変数の値によって「0」から「1」までの間の実数値を出力します。

・sigmoid
http://gist.github.com/keit0222/c566aacc01f2ab4239b78d474b169f5e

$$h(x) = \frac{1}{1 + \exp(-x)}$$

90

[7-2]「手書き文字」のデータセットを用いて数字の多クラス分類

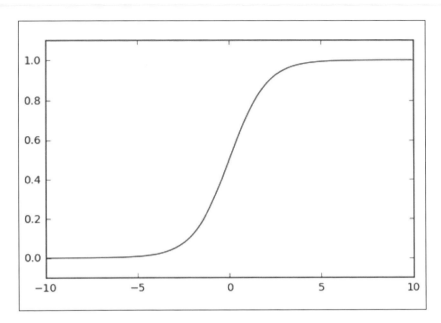

　最後に、「多層パーセプトロン」についてまとめると次のようになります。
・「単純パーセプトロン」は、単層のネットワークで活性化関数に「ステップ関数」を当てはめたネットワーク。
・「多層パーセプトロン」は、ニューラルネットワーク（多層）で活性化関数に「シグモイド」などの「非線形関数」を当てはめたネットワーク。

■ 手書き文字の識別

　なんとなく「多層パーセプトロン」について分かってもらえたでしょうか。
　ここでようやく「多層パーセプトロン」を用いた「手書き文字」の識別を行ないます。

● 学習

　「MNIST」は、「Keras」で「データセット」として「訓練データ」と「テスト・データ」を読み込むことができます。
　そのため、前回のように「データセット」をダウンロードしてくる必要

7章 Keras

はありません。

次のようなスクリプトで、「学習」とその「結果」を表示できます。

*

前回の「多層パーセプトロン」の「活性化関数」に「**シグモイド関数**」を使っていましたが、今回は「**ReLU関数**」というものを使っています。

また、分類をしたいときの「最終層」の「活性化関数」は、必ず「**ソフトマックス**」にしてください。そうしないと、分類になりません。

「Jupyter Notebook」は、「Gist」にアップしています。

http://gist.github.com/keit0222/6ce893119dc4015e1406047e7c07751b

● **結果**

「テスト・データ」のはじめから10個の推定した「ラベル」と「画像」は以下になります。「クラス」と「文字」が一致していることが分かります。

*

ちなみに、この画像のテスト結果は「正解率97.7%」と充分実用できるレベルになっていました。テストの画像を見てみると、一見「5」なんかは「8」と間違えそうな気もしますが、正しく分類できてますね。

*

「シグモイド」ですると、あまり「正解率80%」程度しか出なかったので、適切なパラメータを設定することが大切です。

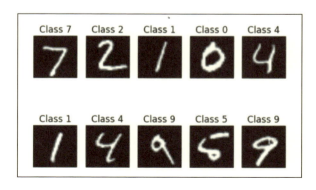

[7-2]「手書き文字」のデータセットを用いて数字の多クラス分類

● 自分で書いた数字で実験

ここまでで、学習はかなりの精度でできているように思えます。
しかしながら、やはり自分で書いた文字でテストしてみたいです。

＊

そこで、ペイントで「56x56ピクセル」のキャンバスに「0」から「9」までの数字を書いた画像を作りました。
それを以下のコードで、学習ずみの重みを読み込んでクラスを予測してみました。

「Jupyter Notebook」は、「Gist」にアップしています。

http://gist.github.com/keit0222/0ea504d1484cb216eef4f7264793ad97

● 自分の手書き文字の予測結果

予測結果はすべて正解かと思いきや、私が書いた数字では正解率70%という結果でした。
これは、データセットの筆跡と異なるからかなと考えられます。

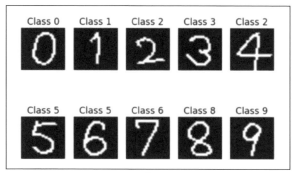

＊

今回は、手書き文字「MNIST」の分類を行ないました。
学習・テストの結果は良かったものの、自分の書いた画像での正解率はイマイチでした。

7章　Keras

● 参考文献

・ゼロから作る Deep Learning ―Python で学ぶディープラーニングの
理論と実装（斎藤 康毅著、オライリー・ジャパン）

・深層学習 (機械学習プロフェッショナルシリーズ) （岡谷 貴之、講談社）

・Keras 公式ドキュメント
https://keras.io/ja/

・[Windows編] DeepLearning をすぐに試せるライブラリ Keras 講座〜
その1
http://qiita.com/tomochiii/items/c17505872781c201d7b1

MEMO

8章

その他の機械学習

8-1 ソニーのディープ・ラーニング用ライブラリ「Neural Network Libraries」

■初野　文章

　「人工知能」の強化手法として、「ディープ・ラーニング」が注目されています。

　とは言え、実用レベルでの活用や研究は、国家や研究所、企業などが独自開発するものがほとんどで、自由に使える形で一般公開されているものは多くありません。

　そのなかで、ソニーが一般公開する形で、「ディープ・ラーニング開発環境」の無償提供をしています。

■ 積み重ねてきた成果を一般公開

　AV系家電企業であるソニーが「ディープ・ラーニング」に参画しはじめたのは、決して突飛なことではありません。

　以前は「AIBO」のような製品も販売していましたし、ゲームや機器制御などでも、「人工知能」的なプログラムは必要です。

　そのため、「人工知能」に対するソニーのもつ知見は、相応に深いものだと言えます。

　加えて、かなり早い段階から、「スマートスピーカー」のような製品に、「人工知能」を組み合わせようとしていた節があります。

● Neural Network Libraries

　最初に公開されたのは、「ディープ・ラーニング」開発向けのライブラリ、「Neural Network Libraries」で、6月にオープンソース化されています。

95

8章　その他の機械学習

・Neural Network Libraries
https://nnabla.org/

　「Neural Network Libraries」は、開発に「Python」が利用でき、実際の実行は「C++11」で動作します。

　「GPU演算」などもサポートしているため、Webサイトの内部で「人工知能」を利用するといったことが、容易になります。

　これまで、「人工知能」を活用するには、「ソフト開発を依頼する」か「クラウドサービスを利用する」かの、実質的には二択の状態でした。

　いずれにしてもコストがかかりますし、事後の機能追加や自主開発も簡単ではありませんでした。

　しかし、「Neural Network Libraries」をうまく活用すれば、容易に「人工知能」を用いたシステム開発が可能となってきます。

　実際、「Wordpress」のプラグインから活用するといった利用法も、可能になるかもしれません。

●Neural Network Console

　簡単なロジックを組むだけであれば、上記のライブラリだけでもいいのですが、高度なロジックや動作検証といったことをしようとすると、当然、ハードルが高くなってきます。

　特に、学習状況の分析やメンテナンスといった作業を、ソースコード上で行なうことは困難ですし、専用のツールを組むことは、「人工知能」の開発以上に敷居が高くなります。

　今回、追加で公開されたのは「Neural Network Libraries」をGUI環境で利用できる「Neural Network Console」というツールです。

　「Neural Network Libraries」を使った「ディープ・ラーニング」の環境を、GUIベースで開発し、運用とメンテナンスができるようになります。

96

[8-1] ソニーのディープ・ラーニング用ライブラリ「Neural Network Libraries」

・Neural Network Console
https://dl.sony.com/

「Neural Network Console」は、Windows用のツールで、64bit版の「Windows8.1」と「Windows10」で利用できます。

開発をGUIベースでできるほか、動作が非常に軽快で、ロジックの組み換えも簡単です。

「ブロック・プログラミング」のような感覚で、「ディープ・ラーニング」の開発ができる

■「Neural Network Console」を使ってみる

サイトからZipファイルをダウンロードし、「neural_network_console.exe」を直接起動します。

画面は英語ですが、日本語のPDFマニュアルが添付されているので、一読してください。

また、環境が限られるものの、「GPU演算」※が利用できるため、大学院での研究分析や人工知能のプログラミング教育などには、便利なツールと言えるかもしれません。

※NVIDIAの「Keplerコア」以降のGPUで、「CUDA」が利用可能とされている。

8章 その他の機械学習

　右上の「設定」ボタンを押して、開いた画面で「ENGINE」タブを開き、「GPU」を選択すれば、「GPU演算」に切り替わります。

「設定」ボタン（歯車）からの操作でGPU演算も

　ツールには、「デモ用のロジック」と「分析用データ」が付属しているため、とりあえず、実験して試すことができます。
　オリジナルの「分析用データ」を使いたい場合は、「Neural Network Console」が定めるフォーマットの「CSV」ファイルを用意する必要があります。

●サンプルの実行

　まず、「HOME画面」で、登録ずみの「サンプル・プロジェクト」を選びます。
　ここでは、マニュアルで紹介されている「01_logistic_regression.sdcproj」を実行してみました。

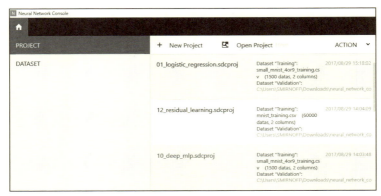

「01_logistic_regression.sdcproj」を実行

[8-1] ソニーのディープ・ラーニング用ライブラリ「Neural Network Libraries」

　不足するデータがある場合は、自動的にダウンロードされ、完了すると、設定ずみのロジックが表示されます。

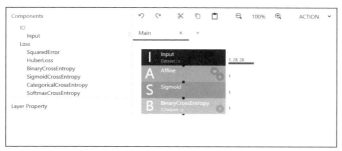

ロジックの表示

　このロジックは、「手書き文字が4か9か判定する」というものです。
　画面上部にある「DATASET」タブを開くと、すでにデータが読み込まれていることを確認できます。

　「教師あり学習」※の手順で、画像にあらかじめ、「4」なら「0」、「9」なら「1」の値が与えられています。

　　※前もって与えられたデータの結果を参考に、学習を行なっていく機械学習の手法。

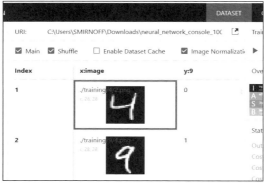

「手書き文字」の判定を行なう

8章 その他の機械学習

　「Run training」ボタンを押すと、「機械学習」がはじまります。
　今回はノートPC用のCPUである「Core-i5 2520M」で実行しましたが、1分ほどで学習は終了しました。

　なお、「GPU」も使ってみたところ、セットアップなどに時間がかかり、簡易な計算では、むしろ時間がかかってしまいました。

「Run training」ボタンを押す

　終了後は、学習結果の統計が表示されます。

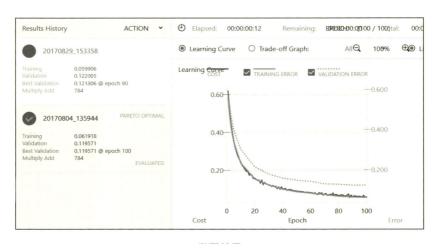

学習結果

[8-1] ソニーのディープ・ラーニング用ライブラリ「Neural Network Libraries」

サンプルによる「機械学習」の実行時間

環　境	全　体	学習時間
Phenom II x6 1060T (6C/6T-2.9GHz)	14.0秒	8.7秒
Core-i5 2520M (2C/4T-3.2GHz)	12.3秒	7.6秒
Core-i7 4790K (4C/8T-4.4GHz)	4.6秒	2.5秒
Core-i7 4790K ＋ GTX780	12.9秒	5.5秒

次に、「学習結果の評価」を行ないます。

「F6」キーを押すと、「評価処理」が開始されます。

また、「Confusion Matrix」を選択すると、「認識精度」などの統計が表示されます。

○ Output Result	◉ Confusion Matrix:		y - y' ⌄
	y'=0	y'=1	Recall
y:9=0	238	12	0.952
y:9=1	12	238	0.952
Precision	0.952	0.952	
F-Measures	0.952	0.952	
Accuracy	0.952		
Avg.Precision	0.952		

「認識精度」などの表示

このテストプロジェクトは、直列的な単純処理ですが、これでも、「画像認識」が簡単にできてしまいます。

101

8章 その他の機械学習

　各モジュールは、ブロック状に並んでいますが、複雑な接続や、条件分岐などの処理も当然できますし、コピー＆ペーストで編集も可能です。

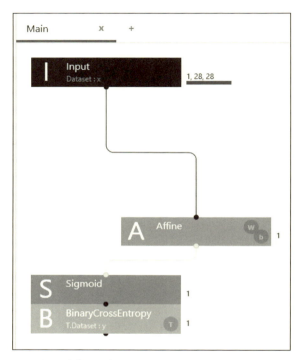

処理（ブロック）は、かなりの数が用意されている

　マニュアルでは、自習のための簡単なチュートリアルが掲載されているため、順を追って触ってみるだけでも、「人工知能」について垣間見ることができると思います。

　イチからプロジェクトを自作することは簡単ではないですが、チュートリアルはとても簡単なので、ぜひ試してみてください。

[8-2]「音の波形」と「ニューラル・ネットワーク」

8-2 「音の波形」と「ニューラル・ネットワーク」

■君島　武志

　たくさんの層をもつ「ニューラル・ネットワーク」の仕組みは、「ディープ・ラーニング」を知る上で欠かすことができないものです。

　ここでは、「音の波形」の数値が、ネットワークを通してどのように変化するか検証してみます。

■必要なモジュール

　「Python」を使います。

　以下のモジュールを、「pip install」コマンドでインストールしてください。

・NumPy

・matplotlib

・scikit-learn

・サンプル・プログラム

```python
#!/usr/bin/env python
# -*- coding: utf-8 -*-


import math
import wave
import struct
import numpy as np
import matplotlib.pyplot as plt
from sklearn import ensemble


#正弦波データ


def sinwave(w,f,fs,t):#正弦波関数 sinwave(振幅 周波数 サンプリ
```

103

8章 その他の機械学習

```
ング周波数 範囲)

    ywav=w*math.sin(2*np.pi*f*t/fs)

    return ywav


wx = np.random.rand(100, 1)   # 乱数
wx = wx * 20 - 10                  #  xの値の範囲-10?10


wy = np.array([sinwave(2,440,11025,wt) for wt in wx])  # 正弦波


#Random Forestによる学習


model = ensemble.RandomForestRegressor()
model.fit(wx, wy)



#Neural network用の関数を作成


def sigm(x): #シグモイド関数
    return 1/(1+np.exp(-x))


def identity(x): #恒等関数
    return x


def init(): #重み、バイアスの初期化
    network={}
    network['weight1']=np.array(np.arange(0.1,20.1,0.1).reshape(100,2))
    network['bios1']=np.array(np.arange(0.1,0.3,0.1))
    network['weight2']=np.array(np.arange(0.1,0.7,0.1).reshape(2,3))
    network['bios2']=np.array(np.arange(0.2,0.5,0.1))
    network['weight3']=np.array(np.arange(0.1,1.3,0.1).reshape(3,4))
```

[8-2]「音の波形」と「ニューラル・ネットワーク」

```python
    network['bios3']=np.array(np.arange(0.1,0.4,0.1))
    return network

def forward(network,x): #入力から出力へ伝達
    weight1,weight2,weight3=network['weight1'],network['we
ight2'],network['weight3']
    bios1,bios2,bios3=network['bios1'],network['bios2'],ne
twork['bios3']

    a1=np.dot(x,weight1)+bios1
    z1=sigm(a1)
    a2=np.dot(z1,weight2)+bios2
    z2=sigm(a2)
    a3=np.dot(z2,weight3)+bios3
    y=identity(a3)
    return y

def softmax(a): #ソフトマックス関数
    c=np.max(a)
    e=np.exp(a-c)
    sum=np.sum(e)
    y=e/sum
    return y

network=init()
x=np.array(wy)
y=forward(network,x)
s=softmax(y)

print "output : ",y,"\nsoftmax : ",s #出力
plt.scatter(wx, wy)
plt.show()
```

その他

105

8章　その他の機械学習

　このプログラムの「ニューラル・ネットワーク」は、次のような図で表わすことができます。

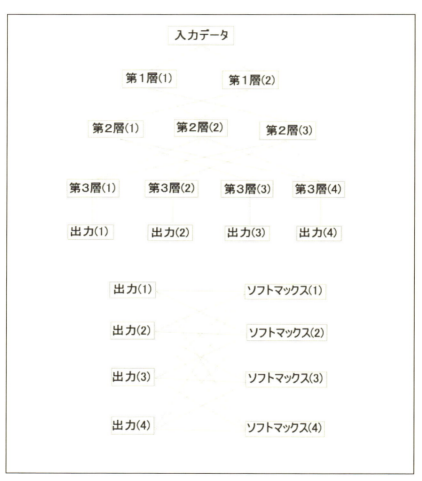

ニューラル・ネットワーク図

[8-2]「音の波形」と「ニューラル・ネットワーク」

■ 元になるデータを作る

●正弦波データ

```
def sinwave(w,f,fs,t):#正弦波関数 sinwave(振幅 周波数 サンプリング周波数 範囲)

  ywav=w*math.sin(2*np.pi*f*t/fs)

  return ywav
```

「サイン波」を作る関数です。

関数に入力する変数は、次のようになります。

w	振幅
f	音の周波数
fs	サンプリング周波数
t	範囲、時間

```
wx = np.random.rand(100, 1)    # 乱数
wx = wx * 20 - 10              # xの値の範囲-10〜10
```

「x」の範囲を指定します。
ここでは、「-10」から「10」の範囲です。

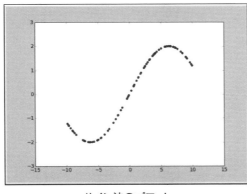

サイン波のプロット

8章　その他の機械学習

```
wy = np.array([sinwave(2,440,11025,wt) for wt in wx])   # 正弦波
```

「サイン波」のデータを、配列に格納します。
「wx」で指定した数だけランダムで入ります（ここでは100）。

●「ランダム・フォレスト」による機械学習

```
model = ensemble.RandomForestRegressor()
model.fit(wx, wy)
```

「ランダム・フォレスト」で機械学習させます。
このデータを元にして、「ニューラル・ネットワーク」に当てはめます。

■「ニューラル・ネットワーク」の関数
●シグモイド関数

```
def sigm(x):
  return 1/(1+np.exp(-x))
```

「シグモイド関数」は、「活性化関数」のひとつです。
「0～1」の間を滑らかに移動するのが特徴です。

●恒等関数

```
def identity(x):
  return x
```

「恒等関数」は、最後の層から出力層へ、そのまま数値を渡します。

●重み、バイアスの初期化

```
def init():
  network={}
  network['weight1']=np.array(np.arange(0.1,20.1,0.1).reshape(100,2))
  network['bios1']=np.array(np.arange(0.1,0.3,0.1))
  network['weight2']=np.array(np.arange(0.1,0.7,0.1).reshape(2,3))
```

[8-2]「音の波形」と「ニューラル・ネットワーク」

```
network['bios2']=np.array(np.arange(0.2,0.5,0.1))
network['weight3']=np.array(np.arange(0.1,1.3,0.1).reshape(3,4))
network['bios3']=np.array(np.arange(0.1,0.4,0.1))
return network
```

初期化用の関数です。「重み」や「バイアス」を設定します。
これは、「ニューラル・ネットワーク」の要になる部分です。

「np.array( )」は、「Numpy」をインポートすると使うことができる、配列を生成する関数です。
配列の要素数を、それぞれ合わせる必要があります。

<例1>

```
[[1,2,3],[4,5,6]]
```

1次元の要素が「2」、2次元の要素がそれぞれ「3」(2次元の要素数が同じ)。

<例2>

```
np.arange(0.1,0.7,0.1).reshape(2,3)
→ [[0.1,0.2,0.3],[0.4,0.5,0.6]]
```

※

要素数の合わせ方は、以下のようになります。
重みの2次元配列の要素数は、検証したい層の数と同じ値にします。

```
入力の配列「100」の場合 = weight1の1次元「100」
bios1の配列 = weight1の2次元要素数

weight2の1次元 = bios1の1次元要素数
bios2 = weight2の2次元要素数

weight3の1次元 = bios2の1次元要素数
bios3 = weight3の2次元要素数
```

その他

109

8章　その他の機械学習

また、「重み」と「バイアス」の配列は、次のようになります。

```
weight1 = [[0.1,0.2], .... ,[19.9,20.0]](１次元要素数100 2次元要素数2)
bios1 = [0.1,0.2](1次元要素数2)


weight2 = [[0.1,0.2,0.3],[0.4,0.5,0.6]](１次元要素数2 ２次元要素数3)
bios2 = [0.2,0.3,0.4](1次元要素数3)


weight3 = [[0.1,0.2,0.3,0.4],[0.5,0.6,0.7,0.8],[0.9,1.0,1
.1,1.2]](1次元要素数3 ２次元要素数4)
bios3 = [0.1,0.2,0.3,0.4](1次元要素数4)
```

●「入力」から「出力」に伝達

```
def forward(network,x):
  weight1,weight2,weight3=network['weight1'],network['weight2'],network['weight3']
  bios1,bios2,bios3=network['bios1'],network['bios2'],network['bios3']

  a1=np.dot(x,weight1)+bios1
  z1=sigm(a1)
  a2=np.dot(z1,weight2)+bios2
  z2=sigm(a2)
  a3=np.dot(z2,weight3)+bios3
  y=identity(a3)
  return y
```

これまで作った関数を使って、「入力」から「出力」へと伝達する関数です。

110

[8-2]「音の波形」と「ニューラル・ネットワーク」

それぞれ、

・「a1」と「z1」：第1層
・「a2」と「z2」：第2層
・「a3」と「y」:第3層

となります。

「第0層」が入力、「第1層」と「第2層」が隠れ層、「第3層」が出力層です。

●ソフトマックス関数

```
def softmax(a):
  c=np.max(a)
  e=np.exp(a-c)
  sum=np.sum(e)
  y=e/sum
  return y
```

「恒等関数」で算出された、「出力層」の値を受け取ります。

「恒等関数」は、1つの層にそのままの値を出力しますが、「ソフトマックス関数」は、3つの層に値を伝達します。

9章

強化学習

9-1　「強化学習」と「OpenAI」

■久保　隆宏

　「ロボット」から「自動運転車」はては「囲碁」「将棋」といったゲームまで、昨今多くの「AI」が世間をにぎわせています。

　その中のキーワードとして、「強化学習」というものがあります。

　そうした意味では、数ある機械学習の手法の中で最も注目されている（そして誇張されている・・・）手法とも言えるかもしれません。

　ここでは、その「強化学習」という手法と、学習環境をまとめたプラットフォーム「OpenAI」について、解説をしていきます。

■ 強化学習の特性

　「強化学習」は、「教師あり学習」に似ていますが、（教師による）明確な「答」は提示されません。

　では何が提示されるかというと、「行動の選択肢」と「報酬」になります。

　これだと「答＝報酬」と考えれば同じじゃないか（行動A=10pt、のような）、と感じると思いますが、もう一つ大きな違いがあります。

　それは、「強化学習」においての報酬は「見込み」ということです。

　つまり、その報酬は「期待値」であり、「確定しているものではない」ということです。

　では、どうやって各行動における「見込みの報酬」を推定するのでしょうか。

112

[9-1]「強化学習」と「OpenAI」

　ここで、将棋のような何手か指して勝ち負けが確定するゲームを例にとります。

　まず、勝負が終了した時点では勝ち負けが明確であり、そこでの報酬は確定的になります。
「勝ったら10pt」「負けたら-10pt」といった具合です。

　では、勝負がつく前の最後の手順はどうでしょうか。
　当然、勝ちにつながる最後の一手の報酬が最も高くなります。
　ではその前の…と逆算していくと、どの段階でどの手の報酬が高いのかが計算できます。
　つまり、最後に得られる報酬から逆算して各手における「見込みの報酬」を計算する、というわけです。

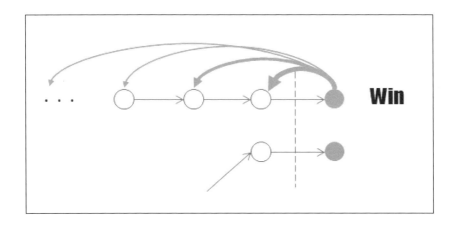

　この点が「強化学習」の特徴であり、メリットになります。

　上記のゲームを「教師あり学習」で学習させようとした場合は、各局面での報酬を「確定」させなければなりません(それが教師データにおける「答」になります)。

　しかし、「将棋」や「囲碁」のような複雑なゲームの場合、どの場面でど

9章　強化学習

の手が最善なのかは意見が分かれることもありますし、ましてその報酬を何ポイントにすべきかなど定量的に測るのは輪をかけて難しくなります。

そうした場合でも、最後の勝ち負けは明確です。
「強化学習」においては、最後の確定した報酬から見込みの報酬を学習するわけです。
なので、各局面での報酬を確定させる必要がなく、それはモデルの中で学習されることになります。

本来的には「xの状況ではyの報酬」という風にして最適な戦略を学習できるのがいちばん単純です（教師あり学習）。
しかし、報酬の設定が困難な場合に「報酬y」もまた推定の対象にするというのが、「強化学習」のポイントです（つまり、「強化学習」では「戦略」と「報酬」2つの推定を行なうことになります）。
これによって「教師あり学習」よりも複雑な問題を扱うことができます。

ただ、この点をもって「強化学習」が「教師あり学習」より上等な手法である、というわけではない点に注意してください。
「教師あり学習」が可能なら、そのほうが単純に学習できますし、学習速度も速いです。

それと、メディアなどで取り上げられる例をみるとあたかも常に「最適解」を学習するように見えますが、けっこう「局所解」に陥ります。

「きちんと先生がいる」のと、「独学する」のでは前者のほうが効率がよく「最適解」にたどり着きやすいのと同じです。
学習方法は、扱う問題に応じて適切に選ぶ必要があります。

以上が、「強化学習」の特性になります。

[9-1]「強化学習」と「OpenAI」

■ OpenAI

強化学習用のさまざまな学習環境をまとめた、「Open AI」というプラットフォームがあります。

こちらを利用して実際にアルゴリズムを学習させてみます。

・OpenAI Gym
https://gym.openai.com/

こちらを見ていただければ分かるとおり、ゲームをはじめとしてさまざまな学習環境が提供されています。

見ているだけでも楽しいですね。

9章　強化学習

・OpenAI Gym environments
https://gym.openai.com/envs

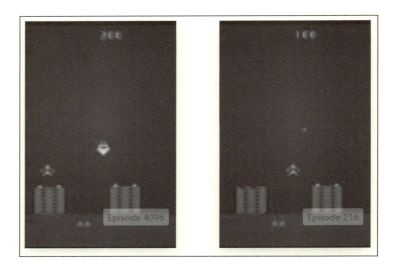

　こちらは実際にはPythonのライブラリとなっており、インストール方法は公式の「GitHub」に詳しい記載があります。

・openai/gym
https://github.com/openai/gym

[9-1]「強化学習」と「OpenAI」

　インストールは、基本的には「pip install gym」ですが、これは最小構成のインストールで動かせるのは、以下の環境のみです。

・algorithmic
・toy_text
・classic_control（描画にpygletが必要）

　他の学習用環境では追加のインストールが必要です。
　たとえば、「Atari」のゲームを動かす場合は、「pip install gym[atari]」で追加のモジュールをインストールする必要があります。

　Python以外のインストールが必要な場合もあるので、その際は以下のように「Installing everything」を加えておけば間違いないです。

https://github.com/openai/gym#installing-everything

　「Python3」で使う場合は、「Supported-systems」の記述に注意してください。

https://github.com/openai/gym#supported-systems

　使い方は、「Document」に記載の通りですが、以下のような形になります。

https://gym.openai.com/docs

9章　強化学習

```python
import gym


env = gym.make('CartPole-v0')  # make your environment!

for i_episode in range(20):
    observation = env.reset()
    for t in range(100):
        env.render()  # render game screen
        action = env.action_space.sample()  # this is ran
dom action. replace here to your algorithm!
        observation, reward, done, info = env.step(action)
  # get reward and next scene
        if done:
            print("Episode finished after {} timesteps".format(t+1))
            break
```

[1]「env.reset()」で環境の初期化(ゲームのリセットに相当)。

[2]観測された状態(state=observation)から、何らかのアルゴリズムで
「action」を決定。

[3]「'env.step(action)'」により、行動に対する報酬(reward)と、行動によ
り遷移した次の状態(state')を得る。

[9-1]「強化学習」と「OpenAI」

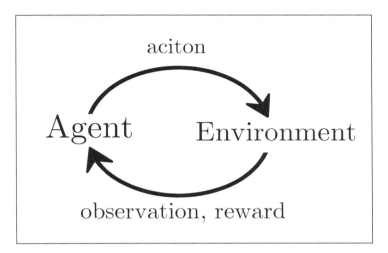

[4]「done」は「episode」の終了を表わす(勝負の結果がついた状態)。
ここまでたどり着いたら、[1]に戻り、再度学習を開始する。

「env.monitor」を使えば、簡単に精度のモニタリングをしたりビデオを撮ったりできます。

この結果は、「OpenAI」のサイトにアップロードすることもできるので、我こそは、という方は、試してみましょう。

MEMO

9章 強化学習

9-2 OpenAI「Universe」でする「Atari Pong」の強化学習

■畑中　竜也

　「OpenAI」がリリースしたAI学習のプラットフォーム「Universe」で、「AIエージェント」を育ててみました。

■「Universe」とは

　公式ブログの説明が詳しいですが、「Universe」は「AI」の知能を測定し訓練するためのプラットフォームです。
　汎用人工知能を作ることを目標として作られた環境とのことです。

https://openai.com/blog/universe/

　「Universe」上で、「AIエージェント」は、人間と同じようにコンピュータを利用することで、学習します。

　具体的には、エージェントは「VNCクライアント」としてピクセルを観察し、「キーボード」や「マウス」のコマンドを生成することで、「リモート・デスクトップ」を操作します。

　キーボードやマウスのコマンドを使って制御するところがポイントです。

　これによって、既存のプログラムの内部情報を把握していなくても制御が可能になり、別のタスクにも適用できる汎用性のあるデータが手に入る、ということのようです。

　ブラウザ上でのタスクも学習可能で、将来的には「Khan Academy」のレッスンなどもできるようになる、とのことです。

120

[9-2] OpenAI 「Universe」でする 「Atari Pong」の強化学習

・OpenAI Universe
https://universe.openai.com/
・OpenAI ブログ
https://openai.com/blog/universe/
・イーロン・マスクの人工知能研究機関OpenAIがAI学習プラットフォーム「Universe」をリリース
http://gigazine.net/news/20161206-openai-universe/

■ 使ってみる

「OpenAI」が公開している「Universe」関連のレポジトリです。

1つ目のレポジトリだと必要最低限の環境構築をするだけですが、2つ目では「TensorFlow」で実装された「A3Cアルゴリズム」が最初から使えるので、こちらの環境を構築していきます。

・universe
https://github.com/openai/universe
・universe-starter-agent
https://github.com/openai/universe-starter-agent

[環境]
・macOS Sierra 10.12.2

● 準 備

「README」を参考に、諸々のパッケージをインストールします。

https://github.com/openai/universe-starter-agent

```
$ conda create --name universe-starter-agent python=3.5
$ source activate universe-starter-agent

$ brew install tmux htop

$ pip install gym [atari]
```

9章　強化学習

↱

```
$ pip install universe
$ pip install six
$ pip install tensorflow
$ conda install -y -c https://conda.binstar.org/menpo
opencv3
$ conda install -y numpy
$ conda install -y scipy
```

　「pyenv」環境下だと2つ目のコマンドの「?source activate <env-name>?」がシェルごと落ちるというエラーが発生する場合があります。
　その場合は、

```
$ source $PYENV_ROOT/versions//bin/activate
```

と「activate」をフルパス指定することで回避できます。

　こちらを参考にさせていただきました。

・pyenvとanacondaを共存させる時のactivate衝突問題の回避策3種類
http://qiita.com/y__sama/items/f732bb7bec2bff355b69

　他には、自分の環境だと、「universe」のインストールの箇所で、

```
Failed building wheel for fastzbarlight
```

とエラーが出たので、

・イーロン・マスク氏が関わるOpenAIの人工知能プラットフォーム
「Universe」を動かしてみる
http://blog.morizotter.com/2016/12/29/イーロン・マスク氏が関わる
openaiの人工知能プラッ/

　こちらのページを参考に、「XQuartz」をインストールし、

```
$ brew install Caskroom/cask/xquartz
```

　「fastzbarlight」を手動インストールして、無事インストールできました。

https://www.xquartz.org/
https://pypi.python.org/pypi/fastzbarlight/0.0.14

[9-2] OpenAI「Universe」でする「Atari Pong」の強化学習

```
fastzbarlight/setup.py
# extra_link_args= [os.path.join (os.
path.dirname (__file__), 'src/fastzbar
light/vendor/zbar-0.10/zbar/.libs/libzbar.a')],
extra_link_args= [os.path.join (os.path.dirname (__file__),
'/usr/local/Cellar/zbar/0.10_3/lib/libzbar.a')],
```

```
$ cd path/to/fastzbarlight
$ python setup.py install
```

　それと、「VNCサーバ」と「WebSocketサーバ」を動かすためのコンテナが要るので、「Docker」が入ってない方は「Docker for Mac」からとってきて、インストールしましょう。

```
https://docs.docker.com/docker-for-mac/
```

　これで環境構築は終了です。

● 動作確認

```
$ cd path/to/universe-starter-agent
$ python train.py --num-workers 2
 --env-id gym-core.PongDeterministic
 -v3 --log-dir /tmp/vncpong
```

　上記のコードでエージェントに学習させます。

　フラグは、以下のようになってます。

--num-workers	並列で学習するワーカの数
--env-id	学習用の環境
--log-dir	学習の中間結果を吐き出すディレクトリ

123

9章 強化学習

「README」によると、ワーカの数はコア数を超えないようにするのがパフォーマンス的にいいようです。

上記のコマンドで、以下の4つのプロセスが起動します。

・方策勾配法で強化学習を行なうプロセス
・環境から受け取ったランダムなノイズを利用するプロセス
・別々のワーカ間でパラメータを同期させるパラメータサーバ
・TensorBoardのプロセス

「tmux」のセッションも同時に生成されるので、それぞれのプロセスの状況をウィンドウから確認できます。

```
$ tmux a
$ ctrl-b
```

では、Macに標準でインストールされているVNCクライアントソフトを使ってエージェントが学習する様子を見てみましょう。

※ちなみに、何らかの理由で、すでに5900ポートが埋まっている場合は、自動でインクリメンタルにポート番号が増えていくので、注意です。

```
$ open vnc://localhost:5900
```

以下のような表示になります。左側は「tmux」のウィンドウです。
右側のプレイヤがエージェントです。
学習開始直後の様子なのでべらぼうに弱いですが、動いてはいますね。

[9-2] OpenAI「Universe」でする「Atari Pong」の強化学習

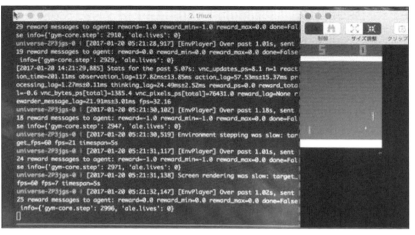

https://twitter.com/thht11/status/822321904748875776

学習が進むと、こんな具合になるようです。

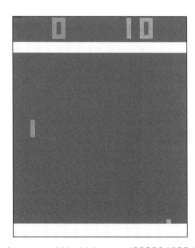

https://twitter.com/thht11/status/822364508467249152

ちなみに、「--env-id」を別のもの(e.g. "flashgames.NeonRace-v0")に変えた場合は、こんな感じです。

9章 強化学習

　デフォルトの「A3Cアルゴリズム」はPong用にチューニングされたもので、おそらく望ましい結果は得られないと思われます。

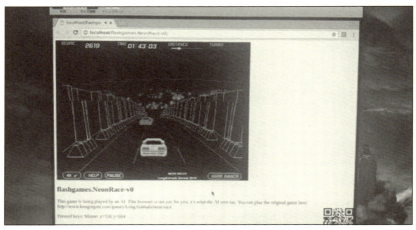

https://twitter.com/thht11/status/822330654746476545

■「TensorBoard」で結果を見る

　「VNC版」だとレイテンシの影響で観測と行動に遅延が生じて学習が難しくなる、とのことだったのですが、とりあえず結果を見てみます。

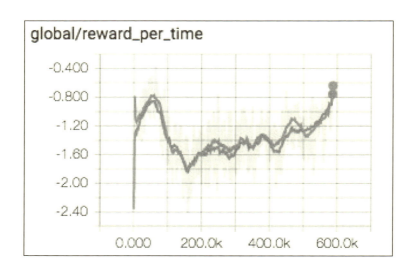

[9-2] OpenAI「Universe」でする「Atari Pong」の強化学習

最初に降下したのが若干気になりますが(おそらく開発機で試したせい)、徐々に報酬(reward)の値が増えています。

■補足

ローカルにGPUを使える環境がないなら、大人しく「環境」と「エージェント」の両方を同一リージョンの「EC2」に置くなどしないと、パフォーマンス的に厳しいです。

MEMO

9章 強化学習

9-3 CPUで気軽に「強化学習」(DeepMind A3C)

■畑中　竜也

　近ごろ「強化学習」界隈の盛り上がりが素晴らしく、「OpenAI Universe」や「DeepMind Lab」のようなプラットフォームがリリースされるなど、開発は今後さらに活発化していくと思われます。

　ですが、従来の「DQN」などの「強化学習」手法だと、「GPU」や「大規模分散環境」が前提になっていたりと、ハード面がネックになって、「気軽に試す」というわけにもいかなかったりすることが多いかと思います。

　ということで、何かいいものはないかと探していたところ、「DeepMind」が開発した「A3C」という手法が良さげだったので、手元の「MacBook」で気軽に「強化学習」してみます。

■「A3C」とは

　「A3C」とは、「Asynchronous Advantage Actor-Critic」の略記です。

　「DeepMind」が2016年に発表した手法で、従来の手法のように「GPU」や「大規模分散環境」などの特殊なハード環境には依存せず、CPUのマルチスレッドを利用して学習を行ないます。

　パラメータを最適化する方法として、複数のエージェントを利用して、「勾配更新」を「非同期的」に行なう点に特徴があります。

　GPUを使った従来の手法の、半分程度の時間で、最高水準の結果が出せるとのことです。

・論文（疑似コード付き）
https://arxiv.org/pdf/1602.01783.pdf

　論文内で従来の手法との性能比較がされていたので見てみます。

　ちなみに、「DQN」の場合は、「NVIDIA K40 GPU」を利用した結果で「A3C」の場合は16コアのCPUを利用したものです。

128

[9-3] CPUで気軽に「強化学習」(DeepMind A3C)

こちらがAtariの「Pong」の結果。

「y軸」がゲームの「スコア」で、「DQN」と比較すると、何倍も早く最高値に到達していることが分かります(21点先取で勝利)。

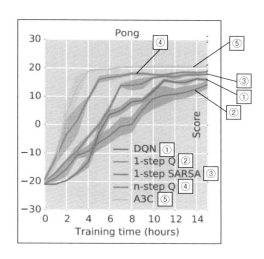

こちらが「Space Invaders」のもの。

先ほどの「Pong」の場合だと、スコアに上限があったのですが、「Space Invaders」には(おそらく)ないため、スコアの開きが顕著になっています。

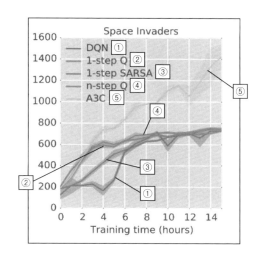

9章　強化学習

ざっと見てみるにとても良さげなので、さっそく動かしてみます。

●環境

・PC: MacBook Air (Early 2015)
・プロセッサ: 2.2GHz Intel Core i7
・メモリ: 8GB 1600 MHz DDR3
・GPU: Intel HD Graphics 6000 1536MB

■準備

miyosuda さんの実装が素晴らしかったので、「訓練用」「テスト用」コードをお借りして環境を作っていきます。

・miyosuda / async_deep_reinforce
https://github.com/miyosuda/async_deep_reinforce

ちなみに、ゲームのプレイ動画をファイル保存したい場合は、保存機能追加版のこちらをお使いください（要「ffmpeg」）。

・tatsuyah / async_deep_reinforce
https://github.com/tatsuyah/async_deep_reinforce

「Anaconda」（または「miniconda」）のインストールがされていない場合、下記を参考にインストールし、仮想環境を構築します。

・Homebrew のインストールから pyenv で Python の Anaconda 環境構築までメモ
http://qiita.com/oct_itmt/items/2d066801a7464a676994

```
$ git clone git@github.com:miyosuda/async_deep_reinforce.git
$ cd path/to/async_deep_reinforce
$ git clone https://github.com/miyosuda/Arcade-Learning-
Environment.git
$ cd Arcade-Learning-Environment
$ cmake -DUSE_SDL=ON -DUSE_RLGLUE=OFF -DBUILD_EXAMPLES=OFF .
$ make -j 4
```

[9-3] CPUで気軽に「強化学習」(DeepMind A3C)

```
$ pip install .
```

　以下のライブラリがインストールされていない場合は、「pip」または brewでインストールしておきます。

・Tensorflow
・cv2
・matplotlib
・sdl

　以上で環境構築は終了です。

■試す

●学習

　「async_deep_reinforce」内で使われている「ALE」は、「Atari」のエミュレータがベースになっており、「constants.py」内で指定するROMファイルを切り替えることで、学習対象のゲームの切り替えが可能です（初期値は「pong.bin」）。

≪async_deep_reinforce/constants.py≫
```
ROM = "pong.bin"
```

　他に試してみたいタイトルがある場合、ROMファイルは、以下のサイトから取ってくるのが良さげです。

・Atari 2600 VCS ROM Collection
http://www.atarimania.com/rom_collection_archive_atari_2600_roms.html

> ※「Space Invaders」のものはこちらのレポジトリのものを使った。
> https://github.com/tambetm/simple_dqn

　「a3c.py」を実行すると学習が始まります。

131

9章 強化学習

```
$ python a3c.py
```

●テスト
学習結果を表示します。

```
$ python a3c_display.py
```

■結果を見る(動画)
●Pong

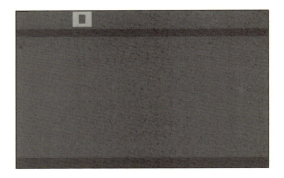

・学習初期(≒720000step。≒1時間)
https://twitter.com/thht11/status/829877344256958464

・学習後期(≒16Mstep。≒24時間)
https://twitter.com/thht11/status/829854867099234304

●Space Invaders

[9-3] CPUで気軽に「強化学習」(DeepMind A3C)

・学習初期(≒720000step。≒1時間)
https://twitter.com/thht11/status/829876701718982656

・学習後期(≒16Mstep。≒24時間)
https://twitter.com/thht11/status/829878184493543424

■結果を見る(Tensorboard)
●Pong

「x軸」が「総ステップ数」で、「y軸」が「スコア」です。

「8M step」を超えたあたりから急激にスコアが伸びているのが確認できます。

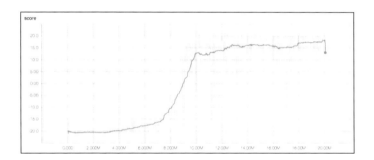

●Space Invaders

論文内のグラフに比べるとスコアの伸びが少なくもう少しパラメータのチューニングが必要なようですが、学習はなされています。

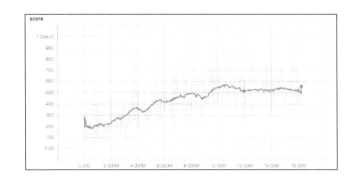

9章　強化学習

　手元のCPUのみの環境で「強化学習アルゴリズム」が試せて、結果を視覚的に理解しやすい形で確認できるというのは機械学習の裾野を広げるという意味では良いことかと思います。

　今後も新しい手法が次々出てくると思われますので、この辺はチェックしておいたほうがよさそうです。

・DeepMind News&Blog
https://deepmind.com/blog/
・OpenAI Blog
https://openai.com/blog/

MEMO

10章

「機械学習モデル」の実装における「テスト」

■久保　隆宏

10-1　「テスト」の必要性

　数ある「フレームワーク」に付属する「Example」や「機械学習モデルを実装してみた」という話。これらに共通して言えるのは、「テストがない」ということです。

　「機械学習」のモデルも、アプリケーションに組み込まれれば「プロダクション・コード」の一部です。
　「テスト」がない実装を、本番環境に組み込むか、というと、通常そんなことはあり得ないと思います。

　忘れられがちな点ですが、「機械学習モデル」は「リリースした瞬間」が最高精度になります。

　なぜなら、「リリースした瞬間」こそがその時点で手に入るフルフルのデータを使って鍛え上げたモデルであり、それ以降はどんどん未知のデータが入ってくるためです。

　そのため、モデルの「精度」、または「妥当性」をいつでも検証できるようにしておくというのはとても重要です。
　これは「通常のコード」に「テスト」をつける理由と同等です。
　つまり、「機械学習モデル」だからと言って特別ではないということです。

135

10章　「機械学習モデル」の実装における「テスト」

　ここでは、この「機械学習モデル」の「テスト」の手法について解説をしていきます。

　もちろん、これは私が現時点で実践している手法であり、今後「機械学習」のアプリケーションへの適用が進んでくるにつれ、より実践的な手法のノウハウも普及していくのではないかと思います。

10-2　「機械学習」モデルの設計

　まず、「テスト」を実施するには、適切な「設計」が行なわれている必要があります。この点については前に解説をした資料があるので、そちらを参考にしてください。

・機械学習で泣かないためのコード設計
http://www.slideshare.net/takahirokubo7792/ss-65413290/19

　入力/出力が明確に定義できる「通常のプログラム」に比べて、機械学習は出力が不定になります。
　「DataProcessor」や「Resource」は、「通常のプログラム」とほぼ同等のため、「テスト」しやすいのですが、「Model」本体も含めた「Trainer」「ModelAPI」については、この点が問題になります。
＊
　上の資料ではこの点について細かい言及はしなかったのですが、ここからこれらの「テスト」について見ていきたいと思います。

136

10-3 「機械学習モデル」の「テスト」

「機械学習モデル」において「テスト」すべきことは、主に以下の3点です。

・動作テスト：Modelの単体テスト
・評価テスト：Model + Trainerの結合テスト
・連携テスト：Model + ModelAPIの結合テスト

これらのテストについて、順を追って見ていきます。

なお、以後の「コード」の紹介では最近開発した以下の「リポジトリ」から引用していきます。

《icoxfog417/tensorflow_qrnn》

https://github.com/icoxfog417/tensorflow_qrnn

こちらは「TensorFlow」ベースですが、ほかのライブラリでも考え方は使えると思います（以前、「Chainer」を使った際も同様の設計・テストを行ないました）。

逆に、「TensorFlow」を使っていると、テスト中ハマる点があるので、その問題点への対処についても言及していきます。

■動作テスト

「動作テスト」では、「Model」についてそもそも入力から出力までエラーを吐かずに動くかどうかをチェックします。

「ニューラル・ネットワーク」のモデルの場合は、「伝搬（Forward）チェック」とも言えます。

こちらが、実際に使ったコードになります。

10章 「機械学習モデル」の実装における「テスト」

《tensorflow_qrnn/test_tf_qrnn_forward.py》
https://github.com/icoxfog417/tensorflow_qrnn/blob/master/test_tf_qrnn_forward.py

　入力はランダムなものでかまわないので、出力まできちんと通るかどうかを確認します。

　「動作テスト」は、モデルの開発・組み替えなどを行なっているときにとりあえず動くかどうかを「なるべく軽く＋早く検証する」のが目的で、開発中頻繁に使います（使いました）。

　そういう意味では、位置づけとしては「コンパイル」に近いです。
＊
　なお、「TensorFlow」では、「unittest」を走らせると、複数の「Test」が「Global Graph」の情報を共有し意図しないエラーが発生します。
　そのため、「テスト・ケース」ごとに「Graph」を分ける必要がある点に注意してください。

```
class TestQRNNForward(unittest.TestCase):

    def test_qrnn_linear_forward(self):
        batch_size = 100
        sentence_length = 5
        word_size = 10
        size = 5
        data = self.create_test_data(batch_size, sentence
_length, word_size)

        with tf.Graph().as_default()  as q_linear:
            qrnn = QRNN(in_size=word_size, size=size, conv
_size=1)
            ...
```

138

[10-3] 「機械学習モデル」の「テスト」

特に、「変数スコープ」が切られていないと、この現象はカオス化します。

基本的に、「TensorFlow」利用時においては変数宣言時に「variable_scope」で「変数スコープ」をしっかり切っていくことが重要になります（「name_scope」だと重複をチェックできない）。

```python
class QRNNLinear():

    def __init__(self, in_size, size):
        self.in_size = in_size
        self.size = size
        self._weight_size = self.size * 3  # z, f, o
        with tf.variable_scope("QRNN/Variable/Linear"):
            initializer = tf.random_normal_initializer()
            self.W = tf.get_variable("W", [self.in_size,
self._weight_size], initializer=initializer)
            self.b = tf.get_variable("b", [self._weight_
size], initializer=initializer)
```

「スコープ」については、こちらの記事が詳しいので、ぜひ参考にしてください。

http://qiita.com/TomokIshii/items/ffe999b3e1a506c396c8

いずれにせよ、「TensorFlow」利用時には以下のことを頭においていただければと思います。

10章　「機械学習モデル」の実装における「テスト」

■評価テスト

　「動作テスト」をしながらモデルが組み上がったら、想定した性能が出ているかチェックします。

＊

　ここで速攻本番データを使う…となると、やれ「データサイズが大きすぎて扱いづらい」「GPUが必要」「学習に時間がかかる」…といった問題が発生します。

　そのため、モデルを評価するための、必要最小限のデータセットを用意しておくとよいです。

　「scikit-learn」には、手書き文字などのデータセットがあらかじめ付属しているため、これが利用できればデータを用意する手間が省けます。

　データ依存のモデルの場合は、本体のデータからバランスよく抜いたデータセットを作っておくといいと思います。

＊

　今回は、「scikit-learn」に付属している「digit」という手書き文字のデータセットでテストしました。

《tensorflow_qrnn/test_tf_qrnn_work.py》
https://github.com/icoxfog417/tensorflow_qrnn/blob/master/test_tf_qrnn_work.py

　これで「loss」が下がり、精度がきちんと出ているかチェックします。

＊

　なお、「テスト」の際にはベースラインとなるモデルも併せて検証したほうがいいです。

　一生懸命作った「ニューラル・ネットワーク」のモデルより、「SVM」のほうが断然良かったなんてことはままある話です。

　幸い「scikit-learn」には、さまざまなモデルが付属しているため、この検証にはうってつけです。それほど大層なコードを書くことなく、ベースラインとなるモデルとの比較検証ができると思います。

＊

140

[10-3]「機械学習モデル」の「テスト」

　大規模データセット、またGPUを使った学習は、この評価テストをパスしてから取り掛かるべきです。

　筋の悪いモデルをどれだけ学習させても意味がありませんし、学習データが多いためなんとなく精度が出ているような状態になって、それで満足してしまう可能性もあります。

　ただ、延々と学習させないと精度が出ないモデルがあることも事実です。こうした場合は、「学習時間に対するloss/精度の値」（ヴェロシティ的なもの）を記録しておき、それをチェックすることで代替するという手もあります。

■ 連携テスト

　最後に、アプリケーション側から使うコード（ModelAPI）のテストを行ないます。

　この段階では「モデル本体」の「テスト」はすんでいるので、学習ずみモデルのロード、またその「利用」が適切にできているかがチェックポイントになります。

　実際「予測のときにデータの前処理をするの忘れてた」ということはよくあります。

　先ほどの「評価テスト」と同様に、検証しやすいサイズのデータセットを用意しておき、それで「Model API」のテストをするとよいです。

　また、この「連携テスト」のパフォーマンスを定常的な監視対象として設定することで、「モデルの精度」が想定通り出ているかを確認できます。

　これにより、「再学習・再構築」のタイミングを判断できるので、その意味でも「評価テスト」とは別に、「連携テスト」を用意しておくことをお勧めします。

索　引

五十音順

あ行

あ	アルゴリズム	8
え	エディタ	45
	エポック	75
お	オープン・ソース	14
	お掃除ロボット	8
	重み	72

か行

か	回帰	7
	学習	6
	可視化	57
	活性化関数	73,90
き	機械学習	6
	強化学習	7,112
	教師あり学習	6
	教師なし学習	7
く	クラスタリング	7
こ	恒等関数	108
	誤差逆伝播法	74

さ行

さ	サイン波	107
	サポート・ベクター・マシン	8
し	閾値	89
	シグモイド関数	90
	次元削減	7
	順伝播	14
す	推論	6
	ステップ関数	91
せ	正弦波	107
そ	ソフトマックス	92

た行

た	多層パーセプトロン	85
て	ディープ・ラーニング	8
と	テスト	135
	動作テスト	137
	特徴抽出	9

な行

に	ニューラル・ネットワーク	69
の	ノード	71

は行

は	バイアスノード	71
	バッチ	75
ひ	非線形関数	91
	評価テスト	140
ふ	分類	7
ほ	方策勾配法	124

ま行

み	ミニバッチ	75

ら行

ら	ライブラリ型	14
	ランダム・フォレスト	108
れ	連携テスト	141
ろ	ロジスティック回帰	8

アルファベット順

A

Anaconda	20,63
A3C	128
AIエージェント	120
API型	12
Atari Pong	120
Atom	45

B

Backpropagation	74

索　引

C
Chainer ················· 14,31,69
Cloud Natural Langage API ·········· 12
Cloud Vision API ···················· 12
Computer Vision API ··················· 12
CUDA··································· 69

D
Docker ······························ 16
Docker Toolbox ····················· 18
Docker イメージ ···················· 23
Docker コンテナ ···················· 24
DQN ······························· 128

E
edge ······························· 51

F
Face API ·························· 12

G
Graph ····························· 51
GUI型································· 11

H
Homebrew ························· 35

J
Jupyter notebook ···················· 44,64

K
Keras ····························· 82

M
MeCab ···························· 16
MLP ······························ 85
MNIST ···························· 91

N
Neural Network Console ········· 11,96
Neural Network Libraries ········· 14,95
Node ····························· 51

O
OpenAI ························· 112

P
Paints Chainer ···················· 9
Python ························· 27

R
ReLU関数 ························· 92

S
scikit-learm ······················ 44

T
TensorBoard ····················· 50
TensorFlow ···················· 14,49

U
Universe···························· 120

V
VNC サーバ ····················· 123

W
WebSocket サーバ ················ 123
Weka ····························· 11

X
Xcode······························· 47
XQuartz ························· 122

[執筆]

君島	武志
久保	隆宏
友近	圭汰
畑中	竜也
初野	文章
吉崎	亮介

（五十音順）

質問に関して

本書の内容に関するご質問は、

① 返信用の切手を同封した手紙

② 往復はがき

③ FAX(03)5269-6031

（ ご自宅の FAX 番号を明記してください ）

④ E-mail editors@kohgakusha.co.jp

のいずれかで、工学社編集部宛にお願いします。電話によるお問い合わせはご遠慮ください。

●サポートページは下記にあります。

【工学社サイト】http://www.kohgakusha.co.jp/

I/O BOOKS
「ディープ・ラーニング」ガイドブック

平成29年10月25日　第1版第1刷発行　ⓒ2017	編　集　I/O 編集部
平成29年11月30日　第1版第2刷発行	発行人　星　正明
	発行所　株式会社工学社
	〒 160-0004
	東京都新宿区四谷 4-28-20 2F
	電話　　(03)5269-2041(代) ［営業］
	(03)5269-6041(代) ［編集］
※定価はカバーに表示してあります。	振替口座　00150-6-22510

[印刷] 図書印刷(株)　　　　　　　　　　　　　　　ISBN978-4-7775-2032-9